越南经贸投资法律问题解答

赵国荣　伍光红　主编

广西科学技术出版社

·南宁·

图书在版编目（CIP）数据

越南经贸投资法律问题解答 / 赵国荣，伍光红主编 .

南宁：广西科学技术出版社，2025. 6. -- ISBN 978-7
-5551-2511-2

Ⅰ . D933.322.9

中国国家版本馆 CIP 数据核字第 2025T5C238 号

YUENAN JINGMAO TOUZI FALÜ WENTI JIEDA

越南经贸投资法律问题解答

赵国荣　伍光红　主编

责任编辑：陈诗英　　　　　　　　　责任校对：夏晓雯

装帧设计：黄　洁　　　　　　　　　责任印制：陆　弟

出 版 人：岑　刚

出　　版：广西科学技术出版社

社　　址：广西南宁市东葛路 66 号　　　邮政编码：530023

网　　址：http://www.gxkjs.com

印　　刷：广西民族印刷包装集团有限公司

开　　本：889 mm×1240 mm　1/32

字　　数：193 千字　　　　　　　　　印　　张：8.25

版　　次：2025 年 6 月第 1 版

印　　次：2025 年 6 月第 1 次印刷

书　　号：ISBN 978-7-5551-2511-2

定　　价：58.00 元

编委会

主　编

赵国荣　香港赵·司徒·郑律师事务所创始人、高级合伙人

伍光红　广西民族大学法学院教授、博士研究生导师

委　员

吴嘉乐　香港赵·司徒·郑律师事务所律师

何静贤　香港赵·司徒·郑律师事务所律师

余国华　香港赵·司徒·郑律师事务所经理

董其运　广东星啸律师事务所律师

肖华强　广东星啸律师事务所律师

钟颖昌　香港黑海有限公司董事

玉　昕　广西民族大学民族法与区域治理研究协同创新中心助理研究员

吴金妮　广西民族大学民族法与区域治理研究协同创新中心助理研究员

序一

　　很荣幸可以和伍光红教授合作编写这本书。伍教授是广西民族大学法学院教授、博士研究生导师，兼职律师，其学术造诣深厚，业界声望高，精通越南法律及多个东南亚国家法律。我在越南设有律师事务所，通过多年的执业实践，对越南法律也有了较为深入的理解。在与伍教授的合作过程中，我更是受益匪浅，深化了对越南法律及其相关事务的认识。我们衷心期望，本书的出版能为有意在越南投资或开展商业活动的朋友们提供一份宝贵的法律指南。

　　当然，对于越南法律的深入探究，离不开专业律师的精准解读。鉴于越南的法律体系与中国内地、香港及澳门地区存在显著差异，外国投资者在涉足越南市场时，无论是开展贸易活动还是投资制造业等，都应先寻求专业律师的法律咨询。确保在投资前，能够获得精通越南当地法律及税务制度的律师与会计师的专业指导，这对于建立合规的商业运营架构、确保合法经营并享受越南法律的保护至关重要。否则，即便投资项目潜力无限，也可能因投资者对当地法律及税收政策的无知，而遭受不必要的经济损失。因此，在越南的投资过程中，专业人士的指导与协助无疑是不可或缺的。

2025 年 3 月

序 二

　　越南自革新开放以来，推行多元化、多边化的外交政策，积极融入国际社会和区域经济一体化，已成为东南亚国家联盟（ASEAN，简称"东盟"）、亚太经济合作组织（APEC）、世界贸易组织（WTO）、亚欧会议（ASEM）、《全面与进步跨太平洋伙伴关系协定》（CPTPP）、《区域全面经济伙伴关系协定》（RCEP）等重要国际组织和协定的成员。同时，越南依托东盟与多个国家和地区签署了自由贸易协定，其法律政策体系日益完善，逐步与国际法律和惯例接轨，为外国投资者和贸易伙伴创造了更加优越的营商环境，使越南成为全球最具潜力和吸引力的市场之一。

　　近年来，越南的外商直接投资（FDI）和对外贸易额持续增长。越南计划投资部外国投资局数据显示，2024 年越南新批外资项目 3375 个，协议投资总额 197.3 亿美元，项目数量同比增长 1.8%；1539 个项目增资 139.6 亿美元，同比增长 50.4%；外资股权并购项目 3502 个。外资项目主要集中于加工制造业，约 255.8 亿美元，占协议投资总额的 66.9%。在此背景下，本书的出版对在越南投资和经商的企业及个人具有重要的参考价值。本书以服务外国企业及个人对越投资和贸易为核心，针对越南经济升级和开放过程中可能遇到的法律问题，提供专业、实用的解答。书中详细解析在越南成立公司、在越南设立工厂、越南税制、居留越南的资格与要求、越南土地和物业买卖等方向的常见问题，是一本对越投资和贸易的实用工具书。

本书由香港资深执业律师赵国荣先生邀请我合作撰写。赵国荣先生在越南设立了律师事务所分所，长期为外国企业及个人提供优质的法律服务。在本书的撰写过程中，我深刻感受到赵国荣先生在涉越法律服务领域的专业素养和执业能力。外商对越投资和贸易离不开法律服务的支持，相信赵国荣先生及其律师事务所越南分所将继续为投资者提供优质的法律服务，为促进对越投资和贸易贡献力量。

2025 年 3 月

目　录

第一部分
外国投资者在越南成立公司 / 1

一、外国投资者可在越南成立哪些类型的公司？ / 2

二、各类公司对股东人数有何要求？股东的权利和义务如何界
　　定？ / 6

三、越南法律对公司董事会的人数和议事规则有何规定？ / 15

四、公司除股东和董事之外，还有哪些其他重要职位？ / 19

五、越南有没有公司注册处？公众可以在越南政府的公开记录
　　中找到越南注册公司的资料吗？ / 25

六、越南公司允许所有股东和董事都不是越南人吗？ / 27

七、越南企业法是不是全国统一的？企业法或规则有没有因为
　　省市不同而有所改变？ / 29

八、在越南成立公司有没有最低资本的要求？ / 30

九、在越南成立公司有哪些禁忌？ / 40

十、在越南成立公司是否必须聘用越南当地雇员？如何聘用外
　　籍劳工？ / 41

十一、如果在越南成立公司必须有越南股东，那么越南股东持
　　　股权最多多少？最低多少？ / 44

十二、在越南投资或成立公司需要注意的其他事项 / 46

十三、在越南成立公司的程序简介 / 48

第二部分
在越南设立工厂需要注意的事项 / 51

一、在越南设立工厂前是否必须成立公司？越南工厂可否直接
由外国公司拥有？ / 52

二、在越南设立工厂需要办理哪些证照？ / 54

三、在越南设立工厂一般需要多长时间？ / 59

四、越南哪些地方、哪些行业欢迎投资者设厂？ / 60

五、在越南哪些行业不受欢迎？ / 65

六、在越南雇佣的员工享有哪些福利？ / 70

七、在越南设立工厂要遵守的环保法律条例 / 74

八、越南有没有碳排放的规定？ / 78

九、越南对工厂输入设备或机器有什么特别规则或管制？ / 80

十、在越南设立工厂，还有什么需要注意的？ / 84

十一、在越南设立工厂的程序简介 / 87

第三部分
越南的税制 / 89

一、越南关税是怎样计算的？税率是多少？ / 90

二、越南企业所得税是怎样计算的？税率是多少？ / 93

三、越南个人所得税是怎样计算的？税率是多少？ / 97

四、越南遗产税是怎样计算的？税率是多少？ / 101

五、越南增值税是怎样计算的? 税率是多少? / 103

六、越南还有什么税项? / 108

第四部分
居留越南的资格和要求 / 113

一、怎样才可以取得移民越南的资格? / 114

二、临时居留卡有何作用? 如何申请办理临时居留卡? / 118

三、怎样才可以取得越南常住居民资格? / 120

四、如何获得越南国籍? / 122

五、外国人在越南工作需要申请什么签证? 怎样才能取得这样
的签证? / 125

六、外国人到越南还需要哪些签证? / 134

第五部分
越南参加的国际性贸易组织及条约 / 137

一、越南参加了哪些国际性贸易组织? / 138

二、越南已签署哪些贸易协定? / 143

三、中越两国签署了哪些经贸方面的双边协定? / 151

第六部分
越南土地及物业买卖 / 155

一、在越南购买土地或物业需要注意什么事项? / 156

二、外国人可以在越南拥有土地吗? / 158

三、外国人可以在越南购买物业吗？ / 159

四、外国人在越南购买房屋有什么程序？ / 160

五、在越南购买房屋和土地需要支付什么税费？ / 161

六、在越南业主出租物业要支付什么税项？税率是多少？ / 165

第七部分
越南其他相关法律制度 / 167

一、越南的法律制度是沿用普通法，还是大陆法？ / 168

二、越南的民事与刑事法庭分多少级？ / 170

三、在越南被刑事拘捕者有什么权利？ / 171

四、越南有没有死刑？如果有，对什么样的刑事罪可判处死刑？
/ 176

五、越南的法庭用什么语言审讯？除越南语外，可以用英语吗？
/ 177

六、越南有没有仲裁机构？在越南，以仲裁方式解决民事纠纷
是否普遍？ / 177

附录 / 179

一、2020 年越南投资法节选 / 180

二、2020 年越南企业法节选 / 203

三、2019 年越南税务管理法节选 / 234

四、2019 年越南劳动法节选 / 244

第一部分

外国投资者在越南成立公司

一、外国投资者可在越南成立哪些类型的公司？

根据越南企业法规定，企业类型包括有限责任公司、股份公司、合名公司和私人企业。外国投资者可在越南申请注册成立有限责任公司、股份公司、合名公司。

外国投资者在越南注册成立公司，适用越南 2020 年 6 月 16 日第 59/2020/QH14 号企业法及越南 2020 年 6 月 17 日第 61/2020/QH14 号投资法。这两部法律于 2021 年 1 月 1 日生效。

企业法规范有限责任公司、股份公司、合伙公司、自然人独资企业等企业成立、组织管理、重组、解散与相关运作及企业集团等相关事宜。企业法第 4 条规定"企业"系指依法成立或登记成立从事经营活动且有自己的名称、资产、营业总部的法人组织。

投资法规范关于在越南投资经营的活动以及越南对国外投资经营的活动。投资法第 3 条 19 款规定"外国投资者"系指持外国国籍的个人、依据外国法律成立并在越南实行投资经营活动的组织。投资法第 3 条 21 款规定"经济组织"系指依据越南法律规定成立与营运的组织，包括实行投资经营活动的企业、合作社、联合合作社及其他组织；第 3 条第 22 款规定具有外国投资资金的经济组织系指有外国投资者为成员或股东的经济组织；第 22 条第 1 款规定外国投资者成立经济组织应满足本法第 9 条规定针对外国投资者进入市场的条件。外国投资者成立经济组织之前应有投资项目，申请投资登记证书，并取得投资登记证书后再申请注册成立经济组织。

综上所述，外国投资者可在越南申请注册成立有限责任公司、股份公司、合名公司。

（一）有限责任公司

有限责任公司包括一名成员有限责任公司与两名成员及以上有限责任公司（2020 年越南企业法第 4 条）。

1. 一名成员有限责任公司。一名成员有限责任公司是指由一个组织或个人作为所有权人的企业。企业法第 74 条至第 87 条对一名成员有限责任公司作了相关规定。一名成员有限责任公司具有以下特征：

（1）公司由 1 个组织或个人作为股东，该股东对与公司运营有关的所有问题拥有完全的决定权，无须征求其他实体或个人的意见或建议。

（2）股东在公司注册资金范围内对公司各项债务及其他资产义务负责。

（3）自获核发企业登记证书之日起具有法人资格。

（4）公司不得发行股份。如通过将资本转移给另一个人或从新成员处接收资本来增加或减少其注册资本时，必须变更为两名成员及以上的有限责任公司或股份公司。

（5）可依企业法及其他相关法律规定发行债券，单独发行债券事宜依企业法第 128 条、第 129 条规定执行。

2. 两名成员及以上有限责任公司。两名成员及以上有限责任公司是指具有 2 ～ 50 名个人或单位股东成员的企业。企业法第 46 条至第 73 条对两名成员及以上有限责任公司作了相关规定。两名成员及以上的有限责任公司具有以下特征：

（1）股东在其向公司出资投资金范围内对公司各项债务及其他资产义务承担责任，但公司注册资金、各股东所出资投资金比例已变更的除外。

（2）股东所出资投资金只能依据企业法第51条、第52条、第53条规定转让。

（3）自获核发营业执照之日起具有法人资格。

（4）公司不得发行股份，但在转为股份公司的情形除外。

（5）可依据企业法及其他相关法律规定发行债券，针对特定主体发行债券事宜应依照企业法第128条、第129条规定执行。

（二）股份公司

股份公司是指将公司注册资金分成多份同等份额（股份），股东以其出资认购的股份为限额对公司承担责任的企业。企业法第111条至第176条对股份公司作了相关规定（具体法律条文见本书附录）。股份公司具有以下特征：

1. 自获取、签发企业登记证书之日起具有法人资格。

2. 股东可为组织或个人，股东人数至少为3名且无限制最多人数。新成立的股份公司至少应有3名创始股东，企业运行登记时各创始股东应共同认购至少获准发售的普通股份总数的20%。自国有企业或有限责任公司转型或自其他股份公司分立、分离、合并、并入的股份公司不一定要有创始股东，但其企业登记资料内的公司章程应有该公司法定代表人或各普通股东的签字。

3. 股东仅在其认购公司股份的投资金额范围内对公司各项债务及其他资产义务负责。

4. 股东有权向其他人自由转让所持有的股份，但企业法第120

条 3 款及第 127 条 1 款规定的限制情形除外。

5.公司有权发行公司股票、债券和其他证券。由于股份公司有权发行各类证券来筹集资金，因此其资金筹集比其他类型的企业更容易、更灵活。

6.由于受到法律法规特别是财务和会计制度的严格约束，股份公司的设立和管理比其他类型的公司更为复杂。

（三）合名公司

越南的合名公司是指至少有 2 名成员对公司债务及其他财产义务承担无限连带责任的企业，其类似于中国的合伙企业，但也有很大的区别。企业法第 177 条至第 187 条对合名公司作了相关规定。合名公司具有以下特征：

1.必须具有至少 2 名成员作为公司的共同所有权人（以下称合名成员），在同一名称下共同经营。除各合名成员外，公司可另增出资成员。

2.合名成员必须系个人，以其全部资产对公司的义务承担无限连带责任。

3.出资成员可以是组织或个人，并仅在已向公司承诺出资投资金范围内对公司各项债务负责。

4.自获核发营业执照之日起具有法人资格。

5.公司不得发行证券。

6.合名成员一般都是具有专业和职业声誉的个人，由于合名成员承担无限连带责任，因此合名公司比较容易获得商业伙伴的信任。

小结：

1. 越南企业法规定，越南合法成立的公司包括有限责任公司、股份公司、合伙公司、自然人独资企业等。

2. 外国投资者在越南申请注册成立的合法公司包括有限责任公司、股份公司和合名公司。

3. 有限责任公司包括只有 1 名成员的有限责任公司与有 2 名成员及以上的有限责任公司。

4. 股份公司股东人数至少 3 名，最高人数没有限制。股份公司受法律法规及会计制度严格约束，其设立和管理比其他类型的公司更为复杂。

5. 合名公司至少有 2 名成员对公司债务及其他财产业务承担无限连带责任，在经营上风险较大。

因此，外国投资者在越南成立公司，一般会选择有限责任公司，因为股东的责任有限，管治也不复杂。

二、各类公司对股东人数有何要求？股东的权利和义务如何界定？

外国投资者在越南成立公司时将成为股东，其投资权益受法律保障。因此，外国投资者必须知道作为股东的权利和义务。

（一）一名成员有限责任公司的股东数量及其权利义务

一名成员有限责任公司只能有 1 个自然人或者 1 个经济组织作为股东。

一名成员有限责任公司股东享有以下权利：决定公司章程内容的制定、修改、补充；决定公司发展战略及每年经营计划；决定公司组织管理架构及公司管理人、监事的任免；决定投资发展预案；决定市场开发、营销及科技措施；核准价值相当或高于公司最近财务报告中资产总值的50%，或小于公司章程规定的其他比例或价值的借贷合同、资产出售合同及其他公司章程规定的合同；核准公司财务报告；决定公司注册资金增资；转让公司部分或全部注册资金给其他组织或个人；决定发行债券；决定成立子公司、向其他公司出资；监督及评估公司的经营活动；决定完成公司税务及其他财务义务后的利润使用；决定公司重组、解散及提出破产申请；公司解散或破产完成后收回公司所有资产价值；企业法与公司章程规定的其他权利。

一名成员有限责任公司股东要履行以下义务：按时足额出资公司注册资金；遵守公司章程；应确定并分清公司股东的资产与公司的资产，对于股东为自然人的公司应将股东本人及其家人的消费与公司主席、经理或总经理的消费分开；遵守有关合同法规及有关公司与公司股东之间购买、出售、贷款、借款、承租、出租等其他法规；公司股东仅能通过向其他组织或个人转让部分或全部注册资金的形式撤资；如果以其他形式撤回已出资的部分或全部注册资金，则公司股东及相关个人、组织应连带对公司各项债务及其他资产义务负责；当公司未足额偿付到期的各项债款及其他资产义务时，公司股东不得提取利润；企业法与公司章程规定的其他义务。

（二）两名成员及以上有限责任公司的股东数量及其权利义务

1.股东数量。至少有2名出资股东，但最多不能超过50名出资股东。公司自获核发营业执照起，应制作股东登记簿。股东成员登记簿可为记载公司各股东成员出资份额持有信息的纸质文件、电子资料集。股东成员登记簿存档于公司总部。

2. 股东权利。股东成员享有以下权利：（1）出席股东会会议，讨论、建议、表决属于股东会权限的问题；（2）具有与出资份额相应的表决票数，企业法第47条第2款规定的情形除外；（3）当公司已依法律规定缴足税金并完成其他财务义务后，可以分配相应出资份额的利润；（4）当公司解散或破产时可以分配相应出资份额的公司剩余的资产价值；（5）当公司增加注册资金时得优先向公司增资；（6）通过依法律及公司章程规定转让部分或全部、赠送及其他形式处分自己所出资的投资金；（7）以本人或公司名义对股东会主席、经理或总经理、法定代表人及其他管理人提起民事责任诉讼；（8）依本法及公司章程规定的其他权利。

持有10%以上注册资金或由公司章程规定某个较小比例的股东成员、集体股东成员除了上述股东权利，还具有以下各项权利：（1）要求召集股东会会议以解决权限范围内事务；（2）检查、审查、查询记录簿并跟进各项交易、会计账簿、年度财务报告；（3）检查、审查、查询并影印股东成员登记簿、股东会会议记录、决议书、决定书及公司其他资料；（4）如果股东会会议的程序、手续、条件或该决议书、决定书内容不符合企业法及公司章程的规定，自会议结束之日起90日内要求法院撤销股东会的决议书、决定书。如果公司有一名股东持有90%以上的注册资金，并且公司章程没有规定某个较小比例，则其余集体股东成员也当然具有上述权利。

3. 股东义务。股东成员有以下义务：（1）依所承诺的投资金如数、如期出资，在出资投资金范围内对公司各项债款及其他资产义务负责，但企业法第47条第2款及第4款规定的情形除外；（2）不得以任何形式提取已向公司出资的投资金，企业法第51条、第52条、第53条、第68条规定的情形除外；（3）遵守公司章程；（4）执行股东会的决议书、决定书；（5）法律规定的其他义务。

股东成员以公司名义进行下列行为时须承担个人责任：（1）违反法律；（2）非为公司利益服务进行其他经营或交易并且对他人造成损失的；（3）在公司财务危机可能发生的情形下提前偿付未到期债务。

（三）股份公司的股东数量及其权利义务

1. 股东数量与类型。股份公司的股东人数至少3名，且不限制最多人数。股份公司自获核发企业登记证明书起应制作并保存股东登记簿。股东登记簿可为记录公司各股东持股信息的纸版文件、电子文件。股东登记簿应保存于公司总部或具有保存股东登记簿职能的其他组织，股东有权检查、查阅、摘录、复制股东登记簿中公司股东的姓名及联系地址。

根据股份的类型，股东可分为普通股东和优惠股东两类。股份公司应有普通股份，普通股份持有者系普通股东。除普通股份外，股份公司可发行优惠股份，优惠股份持有者称作优惠股东。

优惠股份包括股息优惠股份、可退还优惠股份、表决优惠股份、公司章程及证券法规规定的其他优惠股份。有权购买股息优惠股份、可退还优惠股份及其他优惠股份者由公司章程规定或股东大会决定。

普通股份不能转为优惠股份，优惠股份可依股东大会之决议转为普通股份。同一类的每一股份均给予该股份持有者同等的权益及义务。

此外，还有用于作为基本资产以发行无表决权存托凭证的普通股份称作基本普通股份。无表决权的存托凭证具有除表决权外相应基本普通股份的经济利益与义务。有关无表决权的存托凭证的规定由政府制定。

2. 股东的权利。

（1）普通股东的权利。普通股东具有下列权利：出席股东大会会议，发表意见并直接或通过授权代表人或依公司章程、法律规定的其他形式行使表决权，每普通股份具表决票 1 张；依股东大会决议的额度领取股息；按其在公司持有普通股份的比例优先购买相应的新增股份；自由向其他人转让所持有的股份，企业法第 120 条第 3 款及第 127 条第 1 款规定及法律其他相关规定的场合除外；审查、查阅并摘录具有表决权股东名单有关姓名及联系地址的信息，要求更正本人不正确的信息；审查、查阅、摘录或复制公司章程、股东大会会议记录及股东大会的决议；当公司解散或破产时，可领取相应持股比例剩余的部分资产。

持有普通股份总数 5％以上或公司章程规定某个较小比例的股东或股东群组具有下列权利：审查、查阅、摘录董事会记录簿及决议书、决定书、上半年与年度财务报告、监事会报告，必须由董事会通过的合同、交易及其他资料，公司的有关商业秘密、经营秘密的材料除外；在董事会严重违反股东权利、管理人的义务或作出超出授权范围的决定及公司章程规定的其他场合时，有权要求召集股东大会会议；必要时要求监事会检查有关公司管理、经营活动的每项具体问题；法律与公司章程规定的其他权利。

持有普通股份总数 10% 以上或公司章程规定某个较小比例的股东或股东群组有权推荐他人加入董事会、监事会。

（2）持有表决优惠股份股东的权利。表决优惠股份系指表决票数多于其他普通股份的普通股份；每份表决优惠股份的表决票数由公司章程规定。只有获政府授权的组织及创始股东有权持有表决优惠股份。创始股东表决优惠的有效期为自公司获核发营业执照之日起 3 年内。获政府授权组织持有的表决优惠股份的表决权及表决优惠期限在公司章程中予以规定。表决优惠期限届满后，表决优惠股份转为普通股份。

持有表决优惠股份的股东具有下列权利：按公司章程规定的表决票数表决属于股东大会权限的问题；其他权利如同普通股东；持有表决优惠股份的股东不得向其他人转让该股份，依法院已具有法律效力的判决书、决定书转让或继承除外。

（3）持有股息优惠股份股东的权利。股息优惠股份是指获享股息额度高于普通股股息额度或每年稳定额度的股份。每年所分配的股息包括固定股息及奖励股息，固定股息不附属于公司经营结果。具体固定股息额度及奖励股息的确定方式详见载明于股息优惠股份的股票代码。

持有股息优惠股份的股东具有下列权利：按之前规定以高于普通股分股息额度或每年稳定额度领取股息；当公司解散或破产时，在公司已付清各项债款、可退还优惠股份后领取相应于公司持股比例的所剩余资产；其他如同普通股东的权利。持有股息优惠股份的股东不具表决、参与股东大会会议、推荐他人加入董事会及监事会的权利。

（4）持有可退还优惠股份股东的权利。可退还优惠股份是指依持有者要求或依可退还优惠股份股票所记载条件及公司章程可获公司退还出资份额的股份。持有可退还优惠股份的股东不具表决、参与股东大会会议、推荐他人加入董事会及监事会的权利，其他如同普通股东的权利。

3. 股东的义务。股东的义务有：如数、如期结算所承诺购买的股份；不得以任何形式从公司提取已以普通股份出资的投资金，获公司或其他人回购股份的情形除外；如果股东违反规定，提取部分或全部已出资的股份资金，则该股东及公司利益相关人应共同在已被提取的股份价值及所产生的损失范围内对公司各项债款及其他资产义务负连带责任；遵守公司章程及公司内部管理规制；执行股东大会、董事会的决议、决定；依公司章程及法律的规定保密公司的信息，仅限于履行并维护自身的合法权益时使用公司提供的信息；严禁向其他组织、个人散布或复制、发送获公司提供的信息；遵守法律与公司章程规定的其他义务。

（四）合名公司的股东数量及其权利义务

1. 成员人数与类型。合名公司要求至少有 2 名成员对公司债务及其他财产义务承担无限连带责任。除各合名成员外，公司可另增出资成员，出资成员的人数无最多限制。合名成员只能是自然人，不得担任私人企业的所有权人；不得担任其他合名公司的合名成员，取得其余合名成员一致同意的除外；合名成员不得以个人或他人名义经营与公司相同的行业领域谋取私利或为其他组织、个人利益服务；若未取得其余合名成员同意，合名成员不得向其他组织或个人转让其在公司的部分或全部出资份额。出资成员可以是组织或个人，并仅在已向公司承诺出资的投资金范围内对公司各项债务负责。

2. 合名成员的权利和义务。

（1）合名成员的权利。合名成员具有以下权利：参加公司各项问题的会议、讨论与表决，每合名成员都有 1 张表决票或公司章程规定的其他表决票；以公司名义经营公司的营业项目，以该合名成员认为对公司最有利的条件谈判及签订合约、交易或协议；对于先垫资为公司经营的则有权要求公司根据已垫付的资金按市场利息连本带利退还；若在分工任务范围内的经营活动造成的损失为非个人过错时，可要求公司弥补该损失；要求公司及其他合名成员提供公司经营情形的信息；必要时可检查公司的资产、会计账簿及其他资料；可依相应所出资投资金比例或依公司章程规定的协议分配利润；当公司解散或破产时，若公司章程无规定其他比例的，依向公司出资投资金的相应比例分配其余资产价值；如果合名成员死亡，则其继承人将获得公司在已扣除属于该成员责任债务及其他资产义务后的资产价值，若取得成员委员会核准继承人可成为合名成员；法律与公司章程规定的其他权利。

（2）合名成员的义务。合名成员具有以下义务：诚实、谨慎、妥善地进行管理与执行经营活动以确保公司合法利益最大化；依照法律、公司章程及成员委员会的决议、决定进行管理与执行经营活动，若违反规定而造成公司损失则应负责损失赔偿；不得使用公司资产以牟取私利或为其他组织、个人利益服务；若以公司名义、个人名义或他人名义从公司经营活动中收取金钱或其他资产而不向公司缴纳时，要向公司交还已收取的金钱、资产并赔偿对公司造成的损失；若公司资产不足以支付公司债务时，负责连带偿清公司余下债款；若公司经营亏损时，依向公司出资的投资金相应比例或依公司章程规定的协议承受亏损款项；定期每月以书面形式忠实、准确地向公司报告自己的经营情形与业绩；向提出要求的成员提供自己的经营情形与业绩的有关信息；法律与公司章程规定的其他义务。

3. 出资成员的权利和义务。

（1）出资成员的权利。出资成员具有以下权利：在成员委员会会议上涉及公司章程及出资成员各权利和义务等内容的修改、补充，公司重组、解散及与其权利和义务直接相关的其他内容时，有权参会、讨论并表决；获每年依其在公司章程相应所出资的投资金比例分配利润；查看公司年度财务报告；有权要求成员委员会主席、合名成员完整与忠实地提供公司经营情形及业绩的信息；审查公司会计账簿、记录、合同、交易、卷宗及其他资料；向他人转让自己在公司所出资的投资金；以个人或他人名义经营公司的行业领域；依法律及公司章程规定以继承、赠送、抵押、典押及其他形式处分自己出资份额；若成员亡故，其继承人可成为公司出资成员；公司解散或破产时，可依公司章程规定的相应出资比例分配公司的剩余资产价值；法律与公司章程规定的其他权利。

（2）出资成员的义务。出资成员具有以下义务：在已承诺出资的投资金范围内对公司各项债款及其他资产义务负责；不得参与公司管理；不得以公司名义进行经营活动；遵守公司章程、成员委员会的决议、决定；法律与公司章程规定的其他义务。

小结：

成为越南公司的股东，无论是注册股东或是实益股东，都要清楚知道自己的权利和义务，如有疑问，应立即向律师咨询，以免错过保障自己权益的最佳时机。

三、越南法律对公司董事会的人数和议事规则有何规定？

> 在越南，只有经济组织作为股东的一名成员有限责任公司和股份公司才能设立董事会。而自然人作为股东的一名成员有限责任公司的决策者为该股东本人，两名成员及以上有限责任公司的决策机构为股东会，合名公司的决策机构为成员委员会，因此这三类公司均没有设董事会。

（一）经济组织作为股东的一名成员有限责任公司董事会

1. 董事会的人数与任期。经济组织作为股东的一名成员有限责任公司董事会成员为3～7名。董事会成员由该公司的所有权人（即作为该公司股东的经济组织）任免，任期不超过5年。董事会以公司所有权人名义履行公司所有权人的各项权利和义务，并以公司名义履行公司各项权利和义务。董事会的权利、义务及办事制度依照公司章程及法律的规定执行。

执行董事长由公司所有权人任命或由董事会各成员依公司章程规定的程序、手续以多票数原则推选。如果公司章程无其他规定，执行董事长的任期、权利和义务依照企业法第56条及其他相关规定执行。

2. 董事会的议事规则。董事会会议召集的权限及方式依照企业法第57条规定执行。具体如下：

根据执行董事长的要求或依照企业法第49条第2款、第3款规定，董事或董事团体等要求召集执行董事会开会。如果执行董事长在收到开会请求之日起 15 天内未召集董事会开会，则由董事、董事团体召集董事会开会。

执行董事长或会议召集人负责会议议程、议题内容、开会资料等准备工作，并召集、主持与担任董事会议主席。执行董事有权以书面形式提出会议议题内容补充的建议。前述建议书应包括下列主要内容：（1）自然人董事的姓名、联系地址、国籍、个人身份法律证明文件号码；法人董事的名称、统一编号或该组织的法律证明文件编号、总部地址；提出建议的董事或其授权代表人的姓名、签字。（2）出资比例、出资证明书核发日期与编号。（3）建议列入会议议程的议题内容。（4）建议理由。

如果建议书具备上述规定的完整内容并于董事会开会之日前最迟 1 个工作日送至公司总部，执行董事长或会议召集人应同意将该项建议内容纳入董事会会议议程。如果建议书系于会议即将开始时呈送，并取得大多数与会董事赞同，该项建议可纳入会议议程。

董事会开会通知可以书面、电话、传真、电子方式或公司章程规定的其他方式直接发送至每一位执行董事。开会通知应写明开会地点、时间与议程。

会议议程与开会资料应于开会前送至各董事。有关补充、修正公司章程的决定、通过公司发展策略、全年度财务报表、公司重组或解散等相关开会资料应于开会之日前最迟 7 个工作日送至各个董事。其他资料的发送期限由公司章程规定。

董事会会议当有至少董事会成员总数的三分之二出席时得以进行。如果公司章程无其他规定，则董事会每名成员具有同等价值的表决票 1 张。董事会可以书面征询意见的形式通过决议、决定。当具有 50% 以上出席成员人数赞成或持有表决票总数 50% 以上的出席成员人数赞成时，董事会的决议、决定得以通过。公司章程修改与补充、公司重组、公司注册资金部分或全部转让的事项必须取得至少 75% 出席成员人数的赞成或持有表决票总数 75% 以上的出席成员人数的赞成。董事会的决议书、决定书自通过之日起或自该决议书、决定书所记日期起生效，公司章程另有其他规定除外。董事会的会议应做记录并可录音或以其他电子形式记录与存档。

（二）股份公司的董事会

股份公司的董事会系公司管理机关，具有全权以公司名义决定、履行公司的权利和义务，但属股东大会权限的权利和义务除外。

1.董事会成员的人数与任期。股份公司董事会成员为 3～11 名，其中 1 人获选任为董事长。董事会成员的具体人数由公司章程规定。

董事的任期不超出 5 年并可以无限制任期次数或重新任命。但作为公司独立董事的自然人，连任不得超过 2 个任期。如果董事会所有成员一起结束任期，则该成员继续担任董事会成员直至选出新的董事取代并接管工作，公司章程另有其他规定除外。独立董事的人数、权利、义务、活动的方式由公司章程具体规定。

2.董事会的议事规则。自董事会首次会议选举结束之日起 7 个工作日内于该董事会会议上选出董事长。该会议由具有选票数最高或选票比例最高的成员召集并主持。如果有两名以上成员取得最高选票数或选票比例相等，则由各成员依少数服从多数原则在其中选出一人召集并主持董事会会议。

董事会每季度至少召开一次会议，并可召开临时会议。

董事长要在下列场合召集董事会会议：（1）监事会或独立董事建议；（2）经理、总经理或至少5名其他管理人建议；（3）至少2名董事会成员建议；（4）由公司章程规定的其他场合。建议应以书面形式制作，其中要说明召集会议的目的及属于董事会权限内需讨论与决定的问题。董事长应自收到建议书之日起7个工作日内召集董事会会议。如果董事长不依建议召集董事会会议，则董事长应对公司所造成的损失负责；建议者有权取代董事长召集董事会会议。

若公司章程无其他规定，董事长或董事会会议召集人应于会议召开前最晚3个工作日发送与会邀请通知。与会邀请通知应具体确定会议召开时间、地点、议程、所讨论与决定的议题。随附与会邀请通知应有会议上所使用的材料及成员的表决票。董事会会议与会邀请通知可以邀请函、电话、传真、电子工具或由公司章程规定的其他方式发送并确保发至每位董事会成员在公司登记的联系地址。同时也要向各监事发送与会邀请通知以及附件资料。监事有权参与董事会会议；有权讨论，无表决权。

当有总数四分之三以上董事与会时，董事会会议得以进行。如果与会成员人数不足时，则自首次会议预计召开日起7日内召集第二次会议，公司章程规定某个较短期限除外。第二次召集会议若超过半数董事会成员与会时，会议得以进行。

董事会成员与会及表决方式包括：（1）直接参与会议及表决；（2）依规定授权给其他人与会及表决；（3）通过在线会议、电子投票或其他电子形式与会及表决；（4）通过邮递、传真、电子邮件将表决票发至会议主持人；（5）通过公司章程规定的其他方式发送表决票。如果通过邮递将表决票发至会议，表决票应放进密封的信封并且应在会议开幕前最晚 1 个小时转至董事长。表决票只有在所有与会者的见证下才能开启。

除非公司章程另规定较高的比例外，只要取得与会多数董事赞成时，董事会的决议、决定得以通过；如果票数相等，则最终决定权属于董事长。

小结：

外国投资者在越南投资，无论是长驻越南，或者间中到越南视察的，都应该积极参与公司的管理及监察。现代通信设备发达，投资者纵使不是经常居住在越南，也可以通过各种通信方法直接监察及参与公司的运作。如有需要，也可以指派自己的律师参与董事会会议或有决策职能的两名成员及以上有限责任公司的股东会，或合名公司成员委员会。

四、公司除股东和董事之外，还有哪些其他重要职位？

在成立公司的时候，外国投资者除确定自己作为投资者拥有公司的最高决策权，或者根据法律有权操控公司最高决策权之外，还要看有没有其他职位对公司的管治造成影响，无论是良性影响还是恶性影响，投资者都必须留意，并且建立有效的机制，以保障自己的投资利益。

（一）一名成员有限责任公司的组织管理架构

1. 经济组织作为股东的一名成员有限责任公司的组织管理架构，由经济组织作为股东的一名成员有限责任公司可以采用下列两种模式之一进行组织管理与经营：一是公司主席、经理或总经理；二是董事会、经理或总经理。对于独资股东系国有企业的公司，则应成立监事会；其他场合由公司决定。公司应至少有1名担任董事会主席、公司主席或经理或总经理其中职务之一的法定代表人。如果公司章程无规定，则董事会主席或公司主席系公司法定代表人。由此可见，经济组织作为股东的一名成员有限责任公司除股东和董事之外，还有以下重要职位：

（1）公司主席。采取第一种构架模式的一名成员有限责任公司设立公司主席一职。公司主席由公司股东任命。公司主席以公司股东名义履行公司股东的权利和义务；以公司名义履行公司的权利和义务。公司主席的权利、义务及办事制度依照公司章程、法律的规定执行。

（2）经理或总经理。董事会或公司主席任命或雇用经理或总经理以经营公司日常经营活动，其任期不超过5年。经理或总经理对法律及董事会或公司主席负责。董事会主席或其他董事或公司主席可兼任经理或总经理。法律、公司章程另有其他规定的除外。

（3）监事会、监事。股东为国有企业的公司设监事会，监事会、监事的组织架构、办事制度、标准、条件、任免、权利、义务、责任依照企业法第65条的相应规定执行。

2. 自然人作为股东的一名成员有限责任公司的组织管理架构。自然人作为股东的一名成员有限责任公司设有公司主席、经理或总经理。公司股东系公司主席并可兼任或雇用其他人担任经理或总经理。经理或总经理的权利、义务应规定在公司章程与劳动合同内。

（二）两名成员及以上有限责任公司的组织管理架构

两名成员及以上有限责任公司设有股东会、股东会主席、经理或总经理。公司为国有企业或国有企业子公司的，应成立监事会；其他场合由公司决定。公司应至少有 1 名担任股东会主席或经理或总经理职务之一的法定代表人。如果公司章程无规定则股东会主席是公司的法定代表人。

股东会是公司的最高决策机构，包括所有个人股东成员及单位股东成员的授权代表人。公司章程规定股东会会议召开时间，至少每年应召开一次。股东会会议依股东会主席的要求或依企业法第 49 条第 2 款、第 3 款规定股东成员或集体股东成员的要求召集。自收到要求之日起 15 日内若股东会主席不按照股东成员、集体股东成员的要求召集股东会会议，则该股东成员、集体股东成员有权召集股东会会议。股东会以会议上表决、书面征询意见或由公司章程规定的其他形式于权限范围内通过决议、决定。如果公司章程无其他规定，股东会的决议书、决定书自获通过之日起生效或自该决议书、决定书所记载的日期起生效。股东会的决议书、决定书获以 100% 注册资金总数通过，则即使该决议书、决定书通过的程序、手续不依规定执行亦视为合法、生效。

股东会推选 1 名股东成员担任主席。股东会主席的任期由公司章程规定，不能超过 5 年，但可以不限制任期次数。如果股东会主席缺席或无法履行其权利和义务，则应依公司章程规定的原则以书面形式授权给 1 名股东成员履行股东会主席的权利和义务。

　　经理或总经理是指公司日常经营的负责人，组织执行股东会的决议书、决定书，决定有关公司日常经营的各项问题，对股东会负有履行自己权利和义务的责任。股东会主席可兼任公司经理或总经理。

　　监事会设监事 1～5 名。监事任期不超过 5 年，可以不限制任期次数或重新任命。如果监事会仅有 1 名监事，则该监事同时系监事长。

（三）股份公司的组织管理架构

　　除非证券法规另有其他规定，股份公司有权选择以下两种模式之一组织管理与经营：一是股东大会、董事会、监事会及经理或总经理。如果股份公司只有 11 名以下股东，并且各股东持有公司股份总数 50% 以下，则无必要设监事会；二是股东大会、董事会及经理或总经理，该模式要求至少 20% 的董事会成员是独立董事，并要设立直属董事会的审计委员会。如果公司仅有 1 名法定代表人，则董事长或经理或总经理系公司法定代表人。如果公司章程无规定，则董事长系公司法定代表人。如果公司有 1 名以上法定代表人，则董事长及经理或总经理当然系公司法定代表人。

　　根据股份公司的组织管理架构，除股东和董事会成员外，股份公司还有以下重要机构和职位：

　　1. 股东大会。股东大会包括具有表决权的所有股东，是股份公司的最高决定机构。股东大会的常年会议每年召开一次。除常年会议外，股东大会可召开临时会议。股东大会一般要求自财务年度结束之日起 4 个月内召开常年会议。除公司章程有其他规定之外，董事会于必要时决定延期召开年度股东大会，但自会计年度终了之日起不得超过 6 个月。股东、单位股东授权代表人可直接参与会议，以书面形式授权给一或若干其他个人、组织参与会议，或通过线上会议、电子投票、邮递、传真、电子邮件或其他电子形式参与表决。股东大会的决议书自获通过之日或自该决议书所记生效日起生效。获表决权股份总数100%通过的股东大会决议书，即使该决议的会议召集与通过的程序、手续违反企业法与公司章程规定亦生效。

2.审计委员会。审计委员会适用于第二种组织构架模式的股份公司。审计委员会是董事会直属的专门机构。审计委员会必须有2名以上成员。审计委员会主席必须是董事会的独立董事。审计委员会的其他成员必须是董事会非经营成员。审计委员会以在会议上表决、书面征询意见或由公司章程或审计委员会运作规制规定的其他形式通过决定。审计委员会每位成员有表决票1张。除非公司章程或审计委员会运作规制规定其他较高的比例，则取得与会多数成员赞成时审计委员会的决定得以通过；如果票数相等则由审计委员会主席最终决定。

3.监事会。监事会设监事3～5名。监事的任期不超过5年，可以无限制任期次数或重新任命。监事长由监事会在监事中推选；推选、免任、罢免事宜依照少数服从多数原则。监事长的权利和义务由公司章程规定。监事会过半监事应常住越南。监事长应持有属于经济、金融、会计、审计、法律、企管专业之一或与企业业务运作相关专业的大学以上毕业文凭，公司章程另规定其他更高的标准除外。如果监事在新任期监事尚未选出之前结束任期，则任期已满的监事仍继续履行权利和义务，直至新任期监事选出并接手任务。

4.公司经理、总经理。董事会任命1名董事会成员或聘用其他人担任公司经理或总经理，以经营公司日常业务。经理或总经理受董事会的监督，对董事会及法律所赋予的权利、义务负履行责任。经理或总经理的任期不超过 5 年，可以不限制任期次数或重新任命。经理或总经理应依照法律规定、公司章程、与公司签订的劳动合同及董事会的决议书、决定书经营公司日常业务。如果经营违反规定而造成公司损失，则经理或总经理应负法律责任并且应向公司赔偿损失。

（四）合名公司的组织管理架构

合名公司设成员委员会，成员委员会有权决定公司所有经营工作。成员委员会包括所有成员，推选 1 名合名成员担任成员委员会主席，若公司章程无其他规定，成员委员会主席同时兼任公司经理或总经理。合名成员有权要求召集成员委员会会议以讨论并决定公司的经营工作。成员委员会主席若认为必要时或依合名成员的要求，可召集成员委员会会议。如果成员委员会主席不依合名成员要求召集会议，则该成员可召集成员委员会会议。

小结：

在规划成立越南公司时，应筹备及设立公司的管理层及架构。在公司正式成立时，管理层立即运作，并且长期受自己的管制，这样更能保障投资利益。

五、越南有没有公司注册处？公众可以在越南政府的公开记录中找到越南注册公司的资料吗？

越南是有公司注册处的，公众可以在注册处查询越南公司的公开数据。在越南投资的人士，或者没有在越南投资，但是与越南有业务来往的人士，都可以通过越南的公司注册登记处了解潜在合作者的背景，保障自己的利益。

（一）越南的公司注册登记处

2020 年越南企业法第 26 条第 1 款规定，企业创始人或获授权者向企业登记主管机关办理企业登记申请业务。越南公司注册登记处是企业登记主管机关，具体为拟开设公司总部登记地址所在的省级计划投资厅企业登记处。

企业法第 216 条第 1 款规定，企业登记主管机关的任务与权限如下。

1. 依照法律规定解决企业登记与企业登记证明书核发事宜。

2. 配合建立、管理关于企业登记的国家信息系统，依照法律规定向政府机关、有要求的组织、个人公开并提供信息。

3. 必要时要求企业报告关于本法规定应当遵守的事项，督促企业报告义务履行事宜。

4. 直接或建议国家有权机关依据企业登记资料的内容，对企业进行检查、监督。

5. 对企业登记资料的合格性负责，不对企业登记前后产生的违反情形负责。

6.关于企业登记法规的违反处分，依照本法规定收回企业登记证明书，并要求企业办理解散手续。

7.本法与其他相关法律规定的其他任务、权限。

（二）公司注册的方式

企业创始人或获授权者可以下列方式之一向企业登记主管机关办理公司登记申请业务。

1.直接在企业登记主管机关办理公司登记申请。

2.以邮寄方式办理公司登记申请。

3.通过电子网络信息系统办理公司登记申请。

关于通过电子网络信息系统办理公司登记的申请程序如下。

第一步：在越南企业登记门户网站上登录账户。

第二步：按照规定申报信息并下载电子文件、签署文件认证并缴纳费用。

第三步：企业登记处接收并处理文件。

如果申请资料符合企业登记条件，企业登记处将签发商业登记证书并通知申请人。

如果申请资料不符合企业登记条件的，企业登记机关通过电子信息网络向企业发出通知，并要求企业修改、补充资料。

第四步：接收结算结果。

（三）越南注册公司资料查询

公众可在越南企业登记信息门户网站上查找有关越南企业登记的基本信息。

该网站系统上可搜索的内容包括公司名称、公司外文名称、公司名称缩写、经营状况（活跃或解散或破产）、企业代码、法律类型（有限责任公司或股份公司或合名公司或私营企业）、成立时间、法定代表人姓名、总部地址、业务代码和名称。

小结:

根据上述方法查找越南公司的信息相当便捷。然而，这些信息并不具体，需进一步了解对方公司的情况，必须委托律师。

六、越南公司允许所有股东和董事都不是越南人吗?

不是所有外国投资者在越南设立的公司都容许所有股东或所有董事都是越南境外人，如果设立公司的时候，需要有越南股东，这些越南当地股东是否需要出资呢? 还是作为挂名股东呢?

根据 2020 年越南企业法和投资法的规定，外资股东、董事或总经理的人数比例没有限制。外国人可以出资投资越南公司或设立全外资公司。当设立全外资公司时，所有股东和董事都可以是外国人，但外国投资者实行市场准入限制的情形除外。

投资法第 9 条第 3 款规定，外国投资者在经济组织中的注册资本持股比例是外国投资者的市场准入条件之一。市场准入条件（包括资本持股比例条件）按照国际投资条约的规定执行。越南政府第 31/2021/ND-CP 号法令第 17 条第 10 款规定，根据国际投资条约的规定对外国投资者持股比例的限制，适用如下。

1. 如果多个外国投资者向一个经济组织出资、购买股票或认购出资，并须遵守一项或多项国际投资条约，则所有外国投资者在该经济组织中的总持股比例不得超过国际条约规定的外国投资者在某个行业或专业领域持股的最高比例。

2. 来自同一国家或地区的多名外国投资者向一个经济组织出资、购买股份或认缴出资的，所有投资者的持股比例之和不得超过适用的国际投资条约规定的持股比例。

3. 公众公司、证券公司、证券投资基金管理公司或者证券投资基金、证券投资公司依照证券法规定，在证券法对外国投资者持股比例有不同规定的情况下，依照证券法规定。2019 年越南证券法第 717 条规定，证券公司、证券投资公司、证券投资基金的境外投资者出资比例最高为 100%。越南政府第 155/2020/ND-CP 号议定书规定，对于上市公司，外国投资者的资本所有权比例限制为 50%。

4. 如果一个经济组织有多个经营部门和业务，且国际投资条约对外国投资者的持股比例有不同规定，则该经济组织的外国投资者的持股比例不应超过对该经济组织的外国投资者持股比例的限制。

另外，企业应确保至少有 1 名法定代表人在越南居住。如果仅剩 1 名法定代表人在越南居住，该法定代表人出境越南时应书面授权予其他在越南居住者执行企业法定代表人的权利与义务。在前述情况下，企业法定代表人应对已授权予他人的权利与义务负责。若仅剩下 1 名法定代表人，且该法定代表人离开越南 30 天以上，而未授权予其他人执行企业法定代表人的权利与义务，则业主、合伙人、委员会、董事会可以指定其他人担任企业法定代表人。

小结:

　　是否容许越南公司的所有股东全部是外国人或担任董事职位，是复杂的法律问题，必须咨询律师，否则设立公司时，可能存在不符合公司法律规定的情况。

七、越南企业法是不是全国统一的? 企业法或规则有没有因为省市不同而有所改变?

　　如果没有统一的企业法，则投资者在越南不同省市投资的时候，可能要面对不同的规则，但实际情况是怎样的? 以下对这个问题作出解答。

　　2020年越南企业法第215条规定政府对企业统一进行国家管理，各部与部同级机关在分工任务内对企业进行国家管理并对政府负责，省级人民委员会对地方范围内的企业进行国家管理。投资法第7条规定，行业领域的投资经营条件规定于国会的法律、决议，国会常务委员会的法令、决议，政府的议定及越南社会主义共和国作为成员国的国际条约。各部与部同级机关、地方各级人民议会、人民委员会、其他机关、组织、个人不得颁行关于投资经营条件的规定。

　　综上法律规定，各部与部同级机关、各省市对企业的投资优惠政策、税收优惠政策、投资经营条件等，都要依法统一适用，不得擅自制定国会、国会常务委员会、政府公布的法律规定以外的投资鼓励政策、税收优惠政策、投资经营条件等的个别规定。

小结：

越南有全国统一的企业法，所以投资者在越南任何一个省市投资都是依据同一套法律。

八、在越南成立公司有没有最低资本的要求？

在越南投资的时候，必须知道自己投资的行业有没有最低资本的要求。根据 2020 年越南企业法的规定，成立公司没有最低资本的规定。但对于一些需要法定资本或存款的特定行业，则必须按照规定满足资本要求。

在越南，按照规定需要满足最低资本要求的特定行业见表 1-1。

表 1-1　越南特定行业的最低资本要求

序号	职业	对象	最低资本要求
1	保安服务业务	外国企业向越南安全服务机构投资和出资	至少 100 万美元
2	审计服务业务	提供审计服务的有限公司	50 亿越南盾
		外国审计公司在越南的分支机构	50 亿越南盾
		允许外国审计机构提供跨境审计服务	50 万美元
		获准对公益事业单位进行审计的审计机构	60 亿越南盾
3	证券交易	股票经纪人	250 亿越南盾
		自营证券交易	500 亿越南盾
		承销证券	1650 亿越南盾

续表

序号	职业	对象	最低资本要求
3	证券交易	证券投资咨询	100 亿越南盾
		外资证券公司越南分公司	100 亿越南盾
		基金管理公司，给予外国基金管理公司在越南分支机构的最低资本	250 亿越南盾
		证券公司的衍生证券经纪活动	8000 亿越南盾
		证券公司自营衍生品交易活动	6000 亿越南盾
		证券公司开展衍生品投资咨询活动	2500 亿越南盾
		注册经营衍生品经纪业务、衍生品自营交易、衍生品投资咨询业务的证券公司	8000 亿越南盾
		为基金管理公司交易衍生证券	250 亿越南盾
		设立会员基金	500 亿越南盾
		证券投资公司	500 亿越南盾
4	提供越南证券登记结算公司的证券登记、存管、清算和结算服务，组织上市证券和其他类型证券交易的市场	为直接结算会员提供证券交易的清算结算服务	1 万亿越南盾（商业银行、外国银行分行）或 2500 亿越南盾（证券公司）
		为综合结算会员提供证券交易的清算结算服务	7 万亿越南盾（商业银行、外国银行分行）或 9000 亿越南盾（证券公司）
		为证券公司和直接结算会员提供衍生品证券交易的清算结算服务	9000 亿越南盾

续表

序号	职业	对象	最低资本要求
4	提供越南证券登记结算公司的证券登记、存管、清算和结算服务，组织上市证券和其他类型证券交易的市场	为证券公司和综合结算会员提供衍生品证券交易的清算结算服务	12000 亿越南盾
		为商业银行提供衍生品证券交易清算结算服务	5 万亿越南盾
		为外资银行分行提供衍生品证券交易清算结算服务	1 万亿越南盾
		为证券交易系统的证券交易提供支付服务的银行	超过 10 万亿越南盾
5	保险业务	外国组织设立有限责任保险公司	申请许可证前一年的总资产至少相当于 20 亿美元
		越南组织成立有限责任保险公司	提交许可证申请前一年的总资产至少为 2 万亿越南盾
		外国非寿险企业在越南设立分支机构	申请许可证前一年的总资产至少相当于 20 亿美元
		非人寿保险业务经营非人寿保险和健康保险	3000 亿越南盾
		卫星保险业务的非寿险企业	3500 亿越南盾
		提供非寿险和健康险、航空保险和卫星保险的非寿险企业	4000 亿越南盾
		提供人寿保险（投连保险、养老保险除外）和健康保险的人寿保险企业	6000 亿越南盾
		提供人寿保险、健康保险、投连保险或养老保险的人寿保险企业	8000 亿越南盾

续表

序号	职业	对象	最低资本要求
5	保险业务	寿险企业经营人寿保险、健康保险、投连保险、养老保险等业务	1 万亿越南盾
		健康保险业务	3000 亿越南盾
		经营非人寿保险和健康保险的外国分支机构	2000 亿越南盾
		经营非人寿保险、健康保险和航空保险或卫星保险的外国分支机构	2500 亿越南盾
		外国分支机构经营非人寿保险、健康保险、航空保险和卫星保险业务	3000 亿越南盾
		从事非寿险再保险业务或兼营非寿险和健康再保险业务的再保险公司	4000 亿越南盾
		再保险公司经营人寿再保险业务或同时经营人寿再保险和健康再保险业务	7000 亿越南盾
		再保险业务提供所有三种类型的人寿再保险、非人寿再保险和健康再保险	11000 亿越南盾
		保险经纪公司作为主要保险经纪人或再保险经纪人开展业务	40 亿越南盾
		保险经纪业务开展主保险经纪业务和再保险经纪业务	80 亿越南盾
6	外国人有奖电子游戏业务		2000 亿越南盾

续表

序号	职业	对象	最低资本要求
7	信用评级服务业务		150亿越南盾（不包括依法允许信用评级企业开展业务的其他业务领域的法定资本）
8	赌场业务	投资带有赌场的服务、旅游和娱乐综合体项目	20亿美元
9	博彩业务	赛马博彩等商业活动	1万亿越南盾
		赛狗博彩业务	3000亿越南盾
		企业组织开展国际足球博彩业务试点	1万亿越南盾或等值金额
10	自愿养老基金管理服务业务	基金管理公司	1万亿越南盾
11	商品交易所的活动	商品交易所	1500亿越南盾
		商品交易所经纪会员	50亿越南盾
		商品交易所商业会员	750亿越南盾
12	冷冻食品的临时进口和复出口贸易		保证金为100亿越南盾，向企业拥有仓库或仓库的省或市的信贷机构缴纳
13	特别消费税的暂时进口和复出口货物		押金为70亿越南盾，在省内信贷机构缴纳，并在企业获得商业登记证或企业登记证的省或市申请
14	旧货清单中货物的临时进口和复出口贸易		押金为70亿越南盾，在企业获得商业登记证或企业登记证所在省或市的信贷机构缴纳
15	使用多层次营销方法开展业务		100亿越南盾

续表

序号	职业	对象	最低资本要求
16	职业教育活动	职业教育中心成立	50 亿越南盾
		设立职业中等学校	500 亿越南盾
		职业教育学院的设立	1000 亿越南盾
		建立残疾人职业教育中心	50 亿越南盾
		建立残疾人职业中等学校	500 亿越南盾
		职业教育学院的设立	1000 亿越南盾
17	就业服务业务		3 亿越南盾
18	提供劳务派遣服务	服务业派遣工人到国外工作	在越南合法设立并经营的银行或外国银行分行存入 20 亿越南盾
		服务企业向分公司分配任务，开展合同派遣越南工人出国务工的服务活动	为每个指定分行额外存入 5 亿越南盾
19	劳务派遣服务业务		20 亿越南盾存款
20	海运业务	国际运输业务	50 亿越南盾或购买保险，以确保船东按规定对船员承担的义务
21	航空运输业务	航空运输企业运营达 10 架飞机	3000 亿越南盾
		航空运输业务运营 11 ～ 30 架飞机	6000 亿越南盾
		航空运输业务运营 30 多架飞机	7000 亿越南盾
		建立和维持通用航空业务	1000 亿越南盾
22	机场及机场业务	建立和维护机场企业	1000 亿越南盾

续表

序号	职业	对象	最低资本要求
23	在机场提供航空服务	企业提供客运码头运营服务	300 亿越南盾
		企业提供站库运营服务	300 亿越南盾
		该业务提供航空燃油和油品服务	300 亿越南盾
24	多式联运服务业务	越南企业、合作社和在越南投资的外国企业	根据法律规定，维持相当于 8 万 SDR 的最低资产或拥有同等担保或替代财务计划
25	邮政业务	提供省内及省际邮政服务	20 亿越南盾
		提供国际邮政服务	50 亿越南盾
26	电信服务贸易	在省或直辖市内建立不使用无线电频段和电信用户的固定地面电信网络	50 亿越南盾
		（2～30 个省和直辖市）建立不使用无线电频段和电信用户的固定地面电信网络	300 亿越南盾
		在全国（30 多个省份和直辖市）建立不使用无线电频段和电信用户的固定地面电信网络	1000 亿越南盾
		在区域内（15～30 个省和直辖市）建立使用无线电频段和电信用户的固定地面电信网络	1000 亿越南盾
		建立覆盖全国（30 多个省份和直辖市）无线电频段和电信用户的固定地面电信网络	3000 亿越南盾

续表

序号	职业	对象	最低资本要求
26	电信服务贸易	利用无线电频道建立地面移动电信网络	200 亿越南盾
		建立不使用无线电频段的地面移动电信网络（虚拟移动电信网络）	3000 亿越南盾
		使用无线电频段建立地面移动电信网络	5000 亿越南盾
		建立卫星固定和移动电信网络	300 亿越南盾
27	数字签名认证服务业务		在越南经营的商业银行的存款不少于 50 亿越南盾
28	出版商的活动		50 亿越南盾
29	高等教育机构的活动	设立公立大学	1 万亿越南盾（不包括学校建设用地价值）
		公立大学设立分校，允许私立大学设立分校	2500 亿越南盾（不包括建设分行的土地价值）
		设立师范中学及师范中学分校	500 亿越南盾（不包括土地价值）
		师范学院的设立和师范学院的权力下放	1000 亿越南盾（不包括土地价值）
30	外商投资教育机构、外国驻越南教育代表处、外商投资教育机构分支机构的运营	建立学前教育设施	3000 万越南盾（不包括土地使用成本）
		普通教育机构的设立	5000 万越南盾（不包括土地使用成本）
		建立短期培训和培育设施	2000 万越南盾（不包括土地使用成本）
		高等教育机构的设立	1 万亿越南盾（不包括土地使用成本）

续表

序号	职业	对象	最低资本要求
30	外商投资教育机构、外国驻越南教育代表处、外商投资教育机构分支机构的运营	外资高等教育机构在越南设立分校	2500亿越南盾（不包括土地使用成本）
		外资教育机构不新建设施，仅以现有设施租赁或由越方出资部署运营	投资水平必须达到上述规定水平的70%
31	旅游服务业务	国内旅游服务业务	2000万越南盾
		为国际游客赴越南提供旅游服务	5000万越南盾
		为出国游客提供商旅服务	1亿越南盾
		为来越南的国际游客和出国游客提供旅游服务	1亿越南盾
32	电影发行及传播服务业务	电影制作业务	2亿越南盾
33	废品进口	进口废钢铁且进口量在500吨以下的组织和个人	押金为进口废料总价值的10%
		进口废钢铁且进口量在500～1000吨的单位和个人	押金为进口废料总价值的15%
		进口废钢铁且进口量在1000吨及以上的组织和个人	押金为进口废钢货物总价值的20%
		进口废纸、废塑料且进口量在100吨以下的单位和个人	押金为进口废料总价值的15%
		进口废纸、废塑料且进口量在100～500吨的组织和个人	押金为进口废料总价值的18%
		进口废纸、废塑料进口量在500吨及以上的组织和个人	押金为进口废料货物总价值的20%

续表

序号	职业	对象	最低资本要求
34	商业银行的业务活动	商业银行	3 万亿越南盾
		外资银行分行	1500 万美元
35	非银行信贷机构业务活动	金融公司	5000 亿越南盾
		金融租赁公司	1500 亿越南盾
36	合作银行、人民信贷基金、小额信贷机构的业务活动	政策性银行	5 万亿越南盾
		合作银行	3 万亿越南盾
		小额信贷机构	50 亿越南盾
		人民信用基金在公社、镇（以下简称公社）运作	5 亿越南盾
		人民信用基金在一个区运作；人民信用基金在公社间、区际、区际区域运作	10 亿越南盾
37	提供中介支付服务，不通过客户的支付账户提供支付服务		500 亿越南盾
38	提供信用信息服务		300 亿越南盾
39	黄金交易	买卖金条的企业	1000 亿越南盾
		信贷机构买卖金条	3000 亿越南盾

小结：

请注意，以上最低投资额可能因为越南法律修改而变更，在正式投资前，必须先咨询越南律师。

九、在越南成立公司有哪些禁忌？

入境问禁，在越南成立公司要知道当地禁忌。如果犯禁，可能导致企业亏损，甚至被吊销注册。

（一）在越南成立公司的严禁行为

1. 未申请登记而仍以企业模式从事营业，或是在企业登记证书被撤销或企业被暂停营业的情况下仍继续营运。

2. 不忠实、不正确填写企业登记申请资料及企业登记内容变更申请文件等内容。

3. 申请注册资本造假，未依已登记的注册资本出资；故意就出资资产做虚假评估。

4. 从事禁止投资经营的产业、项目；从事未准许外国投资者进入市场的产业、项目；在未符合法律规定的标准，或在营运过程中未维持符合经营投资标准的情况下，从事有限制的经营投资产业、项目。

5. 诈骗、洗钱、资助恐怖分子。

（二）企业命名的禁忌

1. 与已登记的企业名称重复或是容易导致误会的名称。

2. 利用政府机关、军队、国家安全机关、人民自卫军等单位、政治组织、政治社会组织、政治社会暨职业组织、社会组织、社会职业组织等名称作为企业的部分正式名称或全名，取得前述机关、单位或组织同意的情况除外。

3. 采用违反历史传统、风俗习惯、道德、文化等文字、符号。

（三）禁止经营的行业及领域

1. 依据政府相关规定的毒品。

2. 依据政府相关规定的各种化学品及矿物。

3. 野生濒危动植物国际买卖公约规定的各种野生动植物标本，具有天然来源的各种野生濒危动植物、水产标本的经营活动。

4. 经营卖淫。

5. 人口、人体器官、组织、尸体及人类胎儿的买卖。

6. 人类无性生殖相关的经营活动。

7. 鞭炮、烟花的买卖。

8. 提供讨债服务。

小结：

投资者必须谨记上述禁忌，在越南投资时，绝不可以犯禁，否则除负民事责任之外，甚至可能触犯刑事法律。

十、在越南成立公司是否必须聘用越南当地雇员？如何聘用外籍劳工？

在越南投资成立公司，有没有法律规定必须聘用越南当地员工，并且这些越南员工的人数必须占整体雇佣员工的一定比例？

在越南，对于是否强制公司招聘越南雇员没有明确的规定。但总体来说，就业政策优先聘用越南劳工。公司或承包商聘用外籍劳工，须遵守以下规定。

（一）公司聘用的外籍劳工

越南政府第 70/2023/ND–CP 号议定规定，如果公司拟聘用外籍劳工，必须提前 15 日确定需要聘用外籍劳工的各个岗位，并向劳动荣军与社会部或用人单位所在地的劳动荣军社会事务厅报告并说明越南劳工无法满足工作岗位需求，因而需要聘用外籍劳工。越南劳动法及该议定书另有规定的情形除外。

自 2024 年 1 月 1 日起，用人单位拟聘用外籍劳工的，在向劳动荣军与社会部或用人单位所在地的劳动荣军社会事务厅说明报告前至少 15 日，必须在劳动荣军与社会部（就业局）电子信息门户或由省或直辖市人民委员会主席设立的信息门户电子就业服务中心对拟聘用外籍劳工的工作岗位发布招聘越南劳工的公告。招聘公告的内容包括职位及职称、职位描述、数量、学历要求、经验、薪资、工作时间和地点。在拟招聘外籍劳工的岗位未能招聘到越南劳工后，用人单位确定使用外籍劳工的需求并有责任按上述规定向主管部门说明报告。

劳动荣军与社会部或劳动荣军社会事务厅应在收到说明报告之日起 10 个工作日内发出批准或不批准每个工作岗位聘用外国籍劳工的书面文件。

（二）承包商聘用的外籍劳工

在招聘外籍劳工之前，承包商负责向劳动荣军社会事务处申报在越南实施招标所需的外籍劳工的数量、资格、专业能力和经验，并提出招聘越南劳工及拟招聘外国籍劳工的职位要求。如果承包商需要调整或补充申报的员工人数，必须由投资者确认承包商调整和补充所需劳动力需求的方案。

劳动荣军与社会部要求当地机构和组织向承包商介绍和供应

越南劳工，或配合与其他当地机构和组织协调，向承包商介绍和供应越南劳工。自收到要求之日起，招聘 500 名以上越南劳工的，最多在 2 个月内；招聘 100～500 名越南劳工的，最多在 1 个月内；招聘少于 100 名越南工人的，最多在 15 日内。如果未能向承包商介绍或供应越南劳工，则由省级人民委员会主席审议并决定接受承包商招聘外国籍劳工来担任不能招聘越南劳工的职位。

投资者负责监督并要求承包商遵守有关聘用越南劳工和外籍劳工的申报内容；指导、督促、检查承包商按照法律规定执行承包商招聘、聘用外籍劳工的规定；监督和管理外籍工人遵守法律规定；投资者于每年 7 月 5 日及次年 1 月 5 日前，报告当年前 6 个月及每年聘用外籍劳工的情况。前 6 个月报告数据结算时间自上一报告期 12 月 15 日起至本报告期 6 月 14 日止，年度报告数据结算时间自上一年度 12 月 15 日起至本报告期 12 月 14 日止。

劳动荣军与社会部每年或不定期主持并与省市警察机构协调，省边防指挥部或国防部有关机关、单位在边境地区、关口、海岛、战略要地、重点地区、国防重点地区等机构检查外籍劳工法律法规执行情况并将检查结果报省人民委员会、劳动荣军与社会部、公安部、国防部。

小结：

在成立越南公司时，必须首先考虑如何组建雇佣团队，及雇佣团队中越南当地人的比例，除要符合当地法律之外，还要考虑公司管治是否有效。

十一、如果在越南成立公司必须有越南股东,那么越南股东持股权最多多少? 最低多少?

越南法律并没有规定成立公司需要有越南股东持股的最低标准,但有规定针对外国投资者不同类型的行业的最高持股比例的机制。

(一)外国投资者占企业注册资本比例的基本规定

1. 外国投资者不得在从事不具备外国投资者市场准入条件业务的企业中拥有注册资本。

2. 对外国投资者有条件限制准入市场的行业,外国投资者持股比例的确定原则如下:如果法律、决议、法令和条约对外国投资者持股比例有规定的,外国投资者在企业中的最高持股比例应遵守该规定。如果法律、决议、法令和条约没有限制外国投资者的持股比例,则外国投资者最多可以拥有企业注册资本的100%,并且必须确保符合对外国投资者准入市场的条件,包含投资形式、投资活动范围、投资者能力、越南法律以及越南社会主义共和国加入的国际条约规定的其他条件。

3. 对于未列入外国投资者市场准入限制的行业清单,外国投资者可以拥有企业注册资本的100%。

(二)外国投资者在越南信用机构的持股比例

根据越南政府第01/2014/ND-CP号议定第7条,外国投资者在越南信用机构的持股比例如下。

1. 外国人持股比例不得超过越南信贷机构注册资本的5%。

2. 除第3项规定的情况外,外国组织的持股比例不得超过越南信用机构注册资本的 15％。

3. 外国战略投资者的持股比例不得超过越南信用机构注册资本的 20％。

4. 外国投资者及其关联人的持股比例不得超过越南信用机构注册资本的 20％。

5. 外国投资者的持股总额不得超过越南商业银行注册资本的 30％。越南非银行信用机构的外国投资者的股权总额应符合上市公司法律的规定。

6. 特殊情况下，对薄弱、困难信用机构进行重组，以确保信用机构体系安全。该种情形中外国组织、外国战略投资者对弱股份制信用机构的持股比例以及外国投资者的持股总额超出上述第 2 项、第 3 项、第 5 项规定的，由政府总理针对每种具体情况作出决定。

7. 上述各项规定的持股比例包括外国投资者委托其他组织或个人入股的情形。

8. 外国投资者将越南信用机构的可转换债券转换为股份，必须按规定保证股权比例和股权条件。

（三）如何确定外国投资者的资本持股比例限制

第一步：确定投资的行业领域。

该行业领域是否有越南加入的有关外国投资者所有权比例的国际条约的要求？如果有要求，则必须遵守其中的规定。例如，根据世界贸易组织（WTO）的承诺表，企业在内陆水道上提供客运服务和运输货物，适用于外国投资者的最高资本持股比例为 49％。

如果外国投资者拟投资的行业领域未纳入 WTO 承诺，则要看越南法律对该行业领域是否有条件限制。

第二步：根据法律或附条件的行业领域的规定确定外资持股比例限制。

根据专门法律的规定：如果法律就某行业领域对外国投资者的最高持股比例有规定，则必须遵守该规定。

根据附条件的行业领域规定：附条件的行业领域清单会在越南国家外商投资信息系统定期更新。在附条件的行业领域清单内的，有关外资持股比例的限制必须遵守各行业的规定。例如，电影放映服务（CPC 96121）经济组织中外国投资者的注册资本持股比例不超过51%。

如果该行业属于附条件业务领域清单，但没有具体规定持股比例限制，则外国投资者的最高持股比例为49%。

如果公司经营多个行业，外国投资者需要确定哪些行业对外国投资者持股比例有规定。在这些行业中，以最低的持股比例为限。

小结：

外国投资者的资本持股比例因不同行业有不同的要求，所以在越南成立公司时，必须清楚知道是否需要找越南当地人作为股东及其所占的股权比例。

十二、在越南投资或成立公司需要注意的其他事项

在越南投资还应注意掌握越南的政治、经济环境及市场特点，结合其优劣势谋定而后动。

越南实行社会主义制度，共产党是越南唯一的政党，是国家

和社会的领导力量。越南共产党和政府坚持把国家的稳定放在首位，并不断重申坚持革新开放的政策，加强同地区和全球经济的融合。目前越南国家政治稳定，社会治安良好，民风淳朴。越南共产党和政府具有改革决心，制定了较为完备的投资法律法规，为外商投资提供各项优惠和便利。

越南气候宜人，属于典型的热带海洋性气候。天然资源丰富，拥有丰富的矿产、森林、渔业和海洋资源。越南地形呈 S 形，全国都靠海，几大城市都有港口，海运方便。越南劳动力资源充沛，工资相对低廉。

越南已经加入 WTO 和其他许多国际协定，欧美对越南产品基本不设限制，尤其是欧盟对越南还有一些优惠政策，有利于投资者拓展欧美市场。越南系东盟自由贸易区成员国，东盟对越南生产的产品全部免关税。越南的工业园区办事比较方便，大的工业园区报关、产地证签发等手续都可在园区内办理。一般产品不用出园区就可办理所有出口手续。

以上都是在越南投资的优势。但投资者也需要注意以下不利因素：

1. 越南土地实行国家所有制，外国投资者仅能承租，无所有权，土地租赁价格及房产价格较高。一些产业尚未形成完整的产业链，原料、辅料或零配件较大程度依赖进口，生产成本较高。

2. 在越南投资的产品销售成功与否，往往受价格影响极大。若品质相似或差异不大，低价产品较占优势。越南居民贫富差距较大，消费形态不一。普通居民消费能力有限，购买的产品多属生活必需品，对产品品质要求不高，价格是主要考量因素。当然也有部分高端消费群体，对高品质高价格的世界一线品牌产品有需求。

3.近年来，越南政府逐步开始重视外资项目带给环境的问题，引进外资的门槛相对抬高。

4.大批国际企业的进驻，导致劳动力价格相对上升。

5.越南现阶段税务、海关等与外资联系密切的部门仍存在部分办事不规范、手续烦琐、行政效率较低等问题。

6.中越之间在一些问题上仍然存在分歧，不排除在一定条件下对投资者造成影响。

小结：

这不单是法律的问题,更是市场学的课题,在越南投资之前,除要了解当地法律及请教律师之外，更要了解当地市场。

十三、在越南成立公司的程序简介

在越南成立公司的法律规定前文已述，而实际注册流程及操作细节是投资者最关心的问题。

投资者在越南成立外资公司时，一般需按照以下步骤进行。

（一）步骤和所需时间

步骤一：寻找一个公司办公室。

投资者需要寻找（购买或租用）一个位于越南的公司办公室。

所需时间：大约10个或以上的工作日。

步骤二：投资登记程序。

当投资者与业主达成购买或租用办公室协议，确定在越南的办公场地后，投资者要为他们的外资公司向越南投资登记部门进行投资登记。

越南的投资登记部门是指拟成立外资公司所在的越南的省、直辖市计划与投资厅。此外，一些对外国投资者有要求的行业，还需就外资公司符合行业投资要求向有关政府部门进行登记。如外资公司从事教育服务行业，须向越南教育部进行登记；如外资公司提供医疗服务，须向越南卫生部进行登记；如外资公司从事商品分销，须向越南工商部进行登记。

所需时间：自向越南投资登记部门提交完整申请文件之日起，大约20个或以上的工作日。

步骤三：注册登记外资公司。

在取得外资公司的投资登记证后，投资者须按照越南企业法规定的程序办理公司注册登记手续。

所需时间：自向公司登记机关提交完整申请文件之日起，约10个工作日。

（二）投资成立外资公司所需的资料信息及文件

1.所需的资料信息。

（1）投资者的资料信息。以个人身份成立越南外资公司的，需提供投资者的姓名、护照、常用地址、通信地址等。

以公司身份成立越南外资公司的，所需资料信息包括投资公司的营业执照，签发营业执照的主管机构、签发日期及签发地点，投资公司注册的住所地址，法定代表人的姓名、国籍、出生日期、护照数据、常用地址、通信地址等。

（2）拟成立的越南外资公司的资料信息。拟成立的越南外资公司的资料信息包括越南外资公司的名称、项目场址，法定代表人的姓名、出生日期、国籍、护照、常用地址、通信地址，业务范围，投资者的相关经验和能力，成立越南外资公司的商业计划书和经营目标，注册资金等。

2. 所需的文件。

（1）以个人身份成立越南外资公司所需的文件：经双认证［指公证文书须办理投资者所在国外交部领事或地方外事办公室的认证手续后，再办理公证书的使用国（即越南）驻投资者所在国使（领）馆的认证］的投资者护照副本；经双认证的银行账户月结单副本，月结单显示账户的结余金额须等于或超过出资额；经双认证的外资公司法定代表人护照副本；办公场地的租赁合同和业主的证明文件，包括物业所有权证的副本、业主营业执照副本、建筑许可证副本或租赁合同副本（适用于转租的情形）等。

（2）以公司身份成立越南外资公司所需的文件：经双认证的该公司在其原注册地取得的营业执照副本；经双认证的该公司在其原注册地取得的公司章程副本；经双认证的最近两年的财务审核报告副本；经双认证的银行账户月结单副本，月结单须显示账户的结余金额等于或超过其将于越南支出的资金总额；经双认证的外资公司法定代表人护照副本；办公场地的租赁合同和业主的证明文件，包括物业所有权证的副本、业主营业执照副本、建筑许可证副本或租赁合同副本（适用于转租的情形）等。

小结：

在越南成立公司时，一定要找律师协助，因为有关手续和要求需要专业人士的帮助。

第二部分

在越南设立工厂需要注意的事项

一、在越南设立工厂前是否必须成立公司？越南工厂可否直接由外国公司拥有？

近年有许多投资者到越南成立工厂，因为当地经营成本比其他国家的低，在设立工厂之前是否必须成立公司？并且公司持有该工厂吗？这是外国投资者在越南设立工厂之前必须知道的问题。

根据 2020 年越南投资法第 21 条规定的投资形式，外国投资者可以通过以下方式在越南投资设立工厂。

（一）以投资成立经济组织（即成立公司）的形式设立工厂

外国投资者可在越南申请注册成立有限责任公司、股份公司、合名公司，通过公司设立工厂。这是外国投资者在越南设立工厂最为常见的方式。工厂的形式包括：

1. 外商独资工厂。外商 100％持有公司股权，拥有独立的法人资格，无内销和外销比例限制。

2. 合资工厂。至少由 2 位股东共同出资，并在公司同一名义下经营，类似中国的"合资厂"，外商占有股权的比例最高可达 99％。

（二）以出资、购买股份、购买出资份额形式并购工厂

外国投资者可通过向越南公司出资、购买其股份或出资份额的形式获得越南公司股权，进而拥有越南公司已有的工厂。

外国投资者出资、购买股份、购买出资份额的形式包括购买股份公司首次发行的股份或增资发行股份，向有限责任公司、合名公司出资，从公司或股东购买股份公司的股份，购买有限责任公司股东的出资份额以成为有限责任公司的股东，购买合名公司出资成员的出资份额以成为合名公司的出资成员。外国投资者向经济组织出资、购买股份、购买出资份额应满足外国投资者的市场准入条件和其他法律规定的条件。

向经济组织出资、购买股份、购买出资份额的投资者应依照法律规定，按每种经济组织类型相应条件办理成员、股东变更手续。若属下列情形之一的，在变更成员、股东之前，外国投资者要办理向经济组织出资、购买股份、购买出资份额的登记手续。

1. 出资、购买股份、购买出资份额事项导致外国投资者在对于外国投资者有条件准入市场行业领域的经济组织所持有比例增加的。

2. 出资、购买股份、购买出资份额事项导致外国投资者的持股比例达到法律规定需要办理登记手续的。

3. 外国投资者向位于岛屿，边境乡、坊、镇，沿海乡、坊、镇，以及影响国防、安宁的其他区域具有土地使用权证的经济组织出资、购买股份、购买出资份额的。

（三）依照 BCC 合同形式投资设立工厂

BCC 合同形式投资是合作经营合同（Business Cooperation Contract，BCC）的简称。通常由外商与越方签订生产合作经营合同，明确各方责任与经营成果分配，成立类似于中国的"来料加工厂"或"委托加工厂"。这种形式不用在越南成立新公司，但外商持股比例不能超过 70%。BCC 合同中的外国投资者可以在越南成立运行办公室以履行合同。签署 BCC 合同的各方成立协调委员会。协调委员会的职能、任务、权限由各方协商确定。

越南国内投资商与国外投资商之间或外国投资商之间签署的 BCC 合同须办理投资登记证书核发手续。

小结：

在越南设立工厂，除通过公司持有工厂权益之外，还可以通过 BCC 成立工厂。无论用何种形式成立工厂，在成立之前都应该咨询律师意见。

二、在越南设立工厂需要办理哪些证照？

有些投资者在越南成立公司，购买或租赁了土地和厂房，开始营业的时候，才发现没有申请齐全该行业所必需的登记证或牌照，结果被迫停业，不知何时才可以开始生产。所以，在越南设立工厂，必须确保取得该行业所需的所有证照。

当外国投资者在越南投资服务业时，投资者将受到越南加入世贸组织时签署的 GATS 承诺的限制。如出资规定，限制越南每个特定行业设立的法人实体类型。然而，在越南建设制造工厂时，外国投资者面临的市场准入限制很少。但在设立工厂之前，需要申请以下证照手续。

（一）申请审批环境影响评价报告

一些有条件受到特别管制的行业，如制造和组装汽车、化妆品、医疗设备等，生产过程可能会对环境产生不利影响。因此越南政府第 08/2022/ND-CP 号法令附录二中指定的一些物体和项目必须进行环境影响评估程序。该程序必须在项目准备阶段执行。

申请审批环境影响评价报告需要提交以下文件：

1. 申请评审文件。

（1）按规定格式提交环境影响评价报告评审请求书 1 份。

（2）项目环境影响评价报告 1 份。如果评估委员会成员超过 7 人，项目业主必须额外提供 1 份环境影响评估报告。环境影响评价报告封面、副封面的格式以及结构和内容的要求按照规定的格式制定。

（3）可行性研究报告或投资项目报告或其他同等文件各 1 份。

2. 评审结果通过后的报批文件。

（1）环境影响评价报告书 1 份，明确说明根据评审会结论修改、补充的内容，不需要修改的情况除外。

（2）环境影响评价报告采用精装本，项目业主在报告的每页底部签名，包括规定的附录。

（3）投资者向省人民委员会提交要求批准环境影响报告书的文件。评估期限为自收到有效文件之日起 30 日内。

对于无须申请环境影响评价报告批准而建设制造工厂的，投资者必须到工厂所在地的自然资源和环境厅办理环境保护计划确认手续。

（二）申请投资登记证

通过成立公司或 BCC 合同在越南设立工厂的，外国投资者必须获得投资登记证书。申请投资证书的文件包括：

1. 投资项目实施书面申请单。

2. 自然人投资者身份证或护照复印件，机构投资者的营业执照或其他证明合法地位的同等文件的副本。

3. 投资项目建议书包括项目实施主体、投资目标、投资规模、投资资金及资金筹集计划、地点、期限、投资进度、劳动力需求、投资激励建议、影响和社会经济效益评估。

4. 以下文件之一的复印件。投资者最近两年的财务报表，获得母公司的财务支持的承诺，金融机构财政支持的承诺，投资者财务能力的保证，解释投资者财务能力的文件。

5. 提出土地利用需求文件，项目未要求国家划拨土地、租赁土地或允许改变土地用途的，需提交场地租赁协议副本或其他证明投资者有权使用该场地的实施文件。

6. 投资项目采用技术转让法规定的限制转让技术名录中技术项目的技术说明，包括技术名称、技术来源、技术工艺流程图，主要技术参数、主要机械、设备、工艺线的使用状况。

7. 投资项目采用 BCC 合同的形式提供 BCC 合同。

需要在国家外商投资信息系统上在线申报投资项目信息。自网上申报之日起 15 天内，投资者必须向省工业、出口加工和高科技园区管理委员会提交投资登记证申请。投资登记机关收到申请后，将审查其有效性并颁发投资项目代码。申请不予受理的，该机构应当书面通知投资者并说明理由。

（三）申请商业登记证

外国投资者获得投资登记证后，就可以开始办理申请商业登记证的手续。

申请商业登记证所需资料包括商业登记申请单，起草公司章程，拥有 2 名及以上成员的有限责任公司的成员名单、股份有限公司的创始股东名单，以及以下文件之一的有效副本：个人股东为有效身份证或护照，法人股东则为法人商业登记证及附上该法人授权代表的个人身份证明文件，出资决定、公司成员、公司股东（组织）授权代表的任命文件，证明注册业务有资本条件或者执业证书的其他文件。

准备好所有文件后，可以通过国家商业登记门户将其提交给商业登记机构。如果申请符合条件，商业登记机关将在 3～5 天内签发商业登记证。之后，投资者必须在国家商业登记门户网站上发布信息。

（四）申请工厂建设许可证

如果建造新工厂，投资者必须申请工厂建设许可证。建设工厂许可证的文件如下。

1. 施工许可证申请单。

2. 根据土地法规定证明土地使用权的文件之一的副本或档案原件复印件。

3. 依照建筑法的规定，经专门机构批准、鉴定的建设工程的技术设计图或者施工图的复印件两套或者含主件的档案，每套包括：

（1）工程总面积或工程各期总面积比例为 1/500～1/100 的图纸；

（2）地块上每个项目的平面图，比例为 1/500～1/100，并附有项目位置图；

（3）每个项目的立面和主要横截面图，比例为 1/200～1/50；

（4）每个项目的 1/200～1/100 比例的基础平面图和 1/50 比例的基础剖面图，并附有雨水排水系统、废水处理、供水和电力的连接图，供电通信比率 1/200～1/50；

（5）批准建设投资项目决定的复印件或者含有正本的档案；

（6）对于按规定必须进行设计鉴定的工程，应提供专业建设机构设计鉴定报告正本的复印件或档案。

4.含有地下室的建设项目的投资者书面承诺的副本或文件，以确保项目及邻近建筑物的安全。

5.未经专门机构批准的项目，应附有按本表设计的单位或个人的能力和经验声明原件的复印件或档案，并附有施工执业证书复印件、施工和设计评估材料。

工业园区、出口加工区、经济区、高新区管委会收到文件后，对文件符合条件的，向投资者颁发施工许可证；对文件不符合条件的，出具不予颁发施工许可证的书面文件。

（五）申请消防证书

申请越南消防证书的文件如下。

1.颁发消防证书申请单。

2.经认证的消防权威证书副本，新建设施的消防验收文件，改装、新建机动车辆必须保证消防安全，其他设施和机动车辆的消防安全检查记录复印件。

3.所有配备的消防设备和救生设备清单。

4.消防方案。

5.关于组建基层消防队伍的决定。

6.通过消防培训的人员名单。

投资者向警察、消防和救援部门提交文件。授权其他个人或者单位实施的，应当附有授权文件。

小结:

在越南设立工厂前，必须向经验丰富及可靠的当地律师咨询，确保自己有能力取得所有证照，如果缺少任何一种证照，就有可能使工厂无法开始运作，投资化为乌有。

三、在越南设立工厂一般需要多长时间?

这里是指申请成立工厂的一般手续所需时间。当然，除此之外，在筹备成立工厂时，还有其他许多需要考虑的时间：是否需要成立公司？成立公司所需的时间？申请所有证照的时间等。

在越南设立工厂须申请审批环境影响评价报告，并办理工厂建设许可证手续。环境影响评价报告的评估期限为自收到有效文件之日起 30 日内。根据拟设立工厂的地点、行业和规模确定办理工厂建设许可证手续所需的时间，办理时间通常为 2～3 个月。

小结:

上述手续需要 2～3 个月的办理时间，这个时间并不包括事前的所有准备，如可行性报告、成立公司的手续及公司架构、接触越南各个部门以申请工厂所需证照的时间等。

四、越南哪些地方、哪些行业欢迎投资者设厂？

在越南投资设厂，应了解当地文化，以掌握哪些地方、哪些行业欢迎投资者设厂。这在审批申请各种证照的时候，能便捷许多。

（一）越南各社会经济区域的优势及招商引资优先领域

1.北部的红河中游地区和山区。

（1）潜力与优势。该地区旅游资源丰富、多样，自然与人文特色突出；流域面积大，森林资源丰富，有利于农业发展；全区工业发展稳定，增速良好，机械制造、钢铁、电子、电力生产、食品加工、纺织、皮革、服装、配套产业等一批重点产业正朝着强劲发展的方向发展。

（2）优先吸引领域。老街、太原、北江、富寿、和平等地在区位、自然社会条件、交通、教育水平等方面具有更有利的条件吸引工业发展投资。河江、高平、北干、安沛、太原、谅山、奠边等地在发展商业服务、旅游－酒店、物流等方面具有优势。

2.红河平原地区。

（1）潜力和优势。该地区是越南的政治中心地带及北部的经济中心区域，基础设施发达，交通便利。目前，该地区处于经济高增长阶段，特别是城市地区正在迅速发展，经济结构向工业化、现代化方向积极转变，催生了许多新的产业、职业和经济领域，人力资源的素质高；该地区拥有发展工业园区和经济区的诸多有利条件，整个地区工业园区和经济区发展速度位居全国第二，工业园区开发规划用地总面积全国第一，总投资资本／工业用地面积之比大，全国领先；北宁、海防等地吸引了大量外资。

（2）优先吸引领域。支撑产业创新及高新技术应用领域；更多元化、高价值、高品质的旅游产业；强化科学、企业与农民之间联动的高科技农业；交通和城市基础设施；健康、体检和医疗服务；环境技术、水处理、废水、废物处理。

3. 中北部地区和中部海岸。

（1）潜力和优势。该地区海岸线长，海运方便，沿海经济活动活跃；将众多投资资金来源集中到重点工程、公路及跨地区、跨省、大型交通领域；有许多与沿海地带相关的重大激励项目，促进经济增长和经济结构调整。许多历史文化古迹被列入世界物质文化遗产排名，并具有大型海洋旅游生态系统。

（2）优先吸引领域。同步发展海洋经济（海洋经济、海洋服务业、沿海工业等），以形成多产业、高竞争力的海洋经济中心；发展工业园区和经济区的必要基础设施（物流中心、ICD 陆港、工人职业培训学校系统、社会住房等）；交通基础设施、海运、海港等。

4. 西原地区。

（1）潜力和优势。该地区拥有较为发达的跨区域公路运输体系（连接越南中部海岸、海港、东南部以及柬埔寨、老挝），生物多样性高，木材储量大，药用植物和珍贵药物丰富。

（2）优先吸引领域。高科技和高产农业（畜牧业、畜产品、冷水渔业等）；生产和加工经济作物（橡胶、咖啡、茶叶、腰果等）制成品以供出口；生态旅游（独特的自然和文化条件）；能源（风能和太阳能）；医疗（制药）。

5. 东南部地区。

（1）潜力和优势。该地区地势平坦，主要是平原和半平原；海岸线不长，但便于开发港口、海鲜、服务、旅游等产业；深水海港、国际机场、公路、海路、水路、铁路等多元化的基础设施连接体系；熟练且高素质的人力资源；教育培训机构与商业系统有着高度的联系；区域内吸引工业园区投资的净土基金规模仍然较大，土地基金有能力规划开发丰富的工业园区。

（2）优先吸引领域。科技创新及配套产业；高新技术产业、现代技术（IT、精密机械、自动化、新材料等）；升级和发展基础设施、互联交通（公路、海港、航空）；优质服务（金融、银行、物流、电信、交通、旅游等）。

6. 九龙河平原地区。

（1）潜力和优势。该地区地处东西航线，是南亚、东亚、澳大利亚及太平洋其他岛屿之间的重要国际海上和空中交通要道地区；农业投入材料和可再生能源来源丰富；劳动力资源充沛。

（2）优先吸引领域。高科技农业和海洋经济；内河运输和海上运输；度假胜地和生态旅游（生物圈、国家公园、自然保护区等）；能源（风能、太阳能、潮汐能等）；提高工业产能和附加值产业（加工、制造、化学品、木材、造纸、塑料、橡胶、建筑材料、金属、车辆、发动机、运输工具、电子等）。

（二）部分省市政策吸引投资的领域

1. 胡志明市。

（1）投资建设创新中心和研发中心。投资研究并支持信息技术、生物技术、自动化技术、新材料技术、清洁能源领域的高科技转让，投资额在3万亿越南盾以上。

（2）投资半导体集成电路产业、设计技术、元件制造、集成电子电路（IC）、柔性电子（PE）、芯片、电池技术新材料、清洁能源产业等领域的项目，投资额在30万亿越南盾以上。

（3）按规划投资签约国际转运港建设项目，投资额在50万亿越南盾以上。

2. 平阳省。

（1）为纺织服装工业生产原材料的工业，如纱线生产工业、织物编织、拉链、染色和整理纺织产品。

（2）机械工业，如金属生产、金属制品生产、汽车工业机械、设备和零配件生产。

（3）电气—电子工业，如制造电子元件、制造电气配线设备、光纤电缆等。

（4）加工业、制造业、配套产业，优先选择和吸引高新技术产业、信息技术、电子产业等创造高附加值，同时加大产能出口。

3. 庆和省。重点产业包括机械、纺织、服装、鞋类、电子、电气设备和高科技产业。

4. 广义省。优先发展5个主要领域，包括机械工程和制造业的支持产业，炼油、石化工业配套产业，纺织、服装、鞋业的配套产业，支持食品加工和木材加工业的产业及支持应用高科技农业的产业。

5. 海阳省。高精密模具，用于电子设备、机电一体化、工业机器人的高质量标准机械零件，各类电子元件及微电子电路开发控制装置，各种传感器，新一代发动机。

6. 和平省。纺织（服装），皮革（鞋），电子和信息技术，汽车轮胎生产及装配，机械工程及工业产品配套等高新技术产业。

7. 富寿省。生产精密机械产品、模具、零配件、机械设备零部件，该产业群对配套工业产品的需求量较大，用于制造业领域的大型项目和组装汽车、摩托车、电力、电子、纺织服装鞋类、建筑材料、消费品生产、食品、高科技工业等。

8. 兴安省。优先发展的配套产业，包括机械工程、电气和电子设备、纺织、服装、鞋类、汽车制造和装配、科技产业等。

9. 北宁省。其工业发展定位是到 2030 年成为现代化高科技产业城市，到 2045 年成为高科技智慧工业城市。该省的目标是到 2025 年，将有约 800 家在北宁省辅助工业领域运营的企业参与全球供应链，其中 70% 的企业在公司治理和生产管理方面采用符合全球生产链要求的管理体系，配套产业工业产值占加工制造业工业产值的 15% 左右，配套工业领域工业发展指数每年增长 8%～9%，连接和建立顾问网络并改善国内外业务，每年都会为 5～10 家符合三星等级外商直接投资企业供货标准的企业组织咨询和改进活动。此外，各产业园区都会有各自的招商建厂优先政策。

小结：

以上数据可能因为越南国家政策或者每个地区的政策而有所改变，所以在越南投资建设工厂时，应先咨询律师及专家的意见，才可以找到适当的地方设厂。

五、在越南哪些行业不受欢迎？

每个国家和地区都有自己的政策，在越南成立公司或设厂时，必须知道当地计划开展的业务是否受当地欢迎，如果是不受欢迎的行业，强行在当地经营，是违反经济原则的。

越南不受欢迎的投资行业包括禁止和附条件限制两类。

（一）禁止外国投资者进入市场的行业

1. 商业领域国家垄断商品和服务名录内的商品和服务交易。

2. 各种形式的新闻报道和新闻采访活动。

3. 捕捞或开发海产品。

4. 调查和安全服务。

5. 司法行政服务，包括司法鉴定服务、执达员服务、资产拍卖服务、公证服务、资产管理人服务。

6. 劳务派遣、劳务派遣服务。

7. 投资墓地、墓地基础设施建设，出让与基础设施相关的土地使用权。

8. 直接从家庭收集垃圾的服务。

9. 民意调查服务。

10. 爆破服务。

11. 武器、爆炸物和辅助工具的生产和贸易。

12. 进口、拆解废旧船舶。

13. 公共邮政服务。

14. 货物转运业务。

15. 暂时进口、复出口业务。

16. 外国投资者和外商投资经济组织不得行使出口权、进口权及分销权清单中货物的出口权、进口权、分销权。

17. 征集、购买、处理军队单位的公共财产。

18. 军用物资或者装备的生产，武装部队的军事装备和用品、军事武器、装备、技术、特种军用和警用车辆、零部件、备件、用品以及特种设备和制造它们的专门技术贸易。

19. 工业产权代理服务、知识产权评估服务业务。

20. 航标、水域、公共航道和海上航线的建立、运营、维护和保养服务；水域、公共航道和海上航线的调查服务，为航海通告的发布服务；水域、港口、航道、航线的测绘、绘制、出版海图服务；制定海事安全文件及出版相关出版物。

21. 保障水域和公共航道海上安全的监管服务，海事电子信息服务。

22. 运输工具（包括车辆的系统、部件、设备和部件）的检验服务（检验、测试）和证书颁发；危险货物运输用车辆、专用设备、集装箱、包装设备的检验服务和安全环保技术证书的签发；海上石油、天然气勘探、开采、运输车辆、设备的检验服务及安全环保技术证书颁发；对安装在交通运输工具和勘探、开采、开采车辆及设备、海上运输石油、天然气等对劳动安全要求严格的机器设备进行劳动安全技术检验服务；渔船登记服务。

23. 天然林调查、评估和开发服务（包括珍稀野生动物的采伐、猎捕、农业用植物、牲畜和微生物基因基金管理）。

24. 研究或者利用新的畜牧遗传资源，并报农业农村部鉴定评估。

25. 旅游服务业务，但为前往越南的国际游客提供服务的国际旅游服务除外。

（二）对外国投资者附条件限制准入市场的行业

1. 录像制品等文化产品的制作、发行。

2. 电视节目及音乐、舞蹈、戏剧、电影作品的制作、发行、放映。

3. 提供广播电视播出服务。

4. 保险、银行、证券交易及其他与保险、银行、证券交易相关的服务。

5. 邮政服务、电信服务。

6. 广告服务。

7. 印刷服务、出版物发行服务。

8. 测绘服务。

9. 航拍服务。

10. 教育服务。

11. 自然资源、矿产、石油和天然气的勘探、开采和加工。

12. 水电、海上风电、核能。

13. 铁路、航空、公路、河流、海上和管道的货物及旅客运输。

14. 水产养殖业。

15. 林业和狩猎业。

16. 博彩及赌场业务。

17. 保安服务。

18. 河港、海港、机场的建设、经营和管理。

19. 房地产业务。

20. 法律服务。

21. 兽医服务。

22. 货物购销活动及与外国服务提供者在越南的货物购销活动直接相关的活动。

23. 技术测试与分析服务。

24. 旅游服务。

25. 卫生服务和社会服务。

26. 体育和娱乐服务。

27. 造纸。

28. 29 座以上车辆的生产。

29. 传统市场开发经营。

30. 商品交易所业务。

31. 国内零售代收服务。

32. 审计、会计、簿记和税务服务。

33. 估价服务，关于确定企业股权化价值的咨询。

34. 与农业、林业和渔业有关的服务。

35. 飞机生产和制造。

36. 铁路机车车厢生产、制造。

37. 烟草工业中烟草制品、烟草原料、机械和设备的生产和贸易。

38. 出版商的活动。

39. 建造和修理船舶。

40. 废物收集服务、环境监测服务。

41. 商事仲裁和仲裁调解服务。

42. 物流服务业务。

43. 沿海航运业务。

44. 珍稀农作物的种植、生产或者加工，珍稀野生动物的饲养以及这些动植物的加工、经营，包括活动物及其加工品。

45. 建筑材料生产。

46. 建筑及相关技术服务。

47. 摩托车组装。

48. 与体育、美术、表演艺术、时装表演、选美和模特比赛及其他娱乐活动有关的服务。

49. 航空运输支持服务，机场和机场的地面技术服务，机上餐饮服务，导航和监视信息服务、航空气象服务。

50. 船舶代理服务，船舶拖航服务。

51. 与文化遗产、版权及相关权利、摄影、录像、录音、艺术展览、节日、图书馆、博物馆有关的服务。

52. 与旅游宣传和促销有关的服务。

53. 艺术家和运动员的代理、招募代理、预订和管理服务。

54. 家庭相关服务。

55. 电子商务活动。

56. 墓地业务、墓地服务和殡葬服务。

57. 飞机播种和化学喷洒服务。

58. 海事引航服务。

59. 国会、国会常务委员会、政府和总理在试点机制下的投资领域和贸易。

小结：

上述罗列的不受欢迎投资的业务领域甚多，在越南经商或投资时，须谨慎。

六、在越南雇佣的员工享有哪些福利？

作为雇主，必须知道员工的保障及福利，除避免触犯法律之外，更要保护劳工权益，保持良好的雇佣关系，有利于公司业务发展。

（一）劳动者的工作时间

雇佣劳动者有权按天或按周确定工作时间，但必须通知劳动者。按周确定工作时间的，正常工作时间每天不得超过10小时，每周不得超过48小时。国家鼓励劳动者实行每周工作40小时。雇佣劳动者有责任确保其接触危险有害因素的工作时限严格符合国家技术法规和相关法律规定。

加班是指法律、集体劳动协议或劳动法规规定的正常工作时间以外的工作时间。雇佣劳动者在完全符合下列条件的情况下，可以聘用员工加班。

1. 需征得员工同意。

2. 确保劳动者的加班时间不超过每天正常工作时间的50%；对于按周工作者，则每天正常工作及加班工时的总时数不得超过12小时；每月加班总时数不得超过40小时。

3. 确保员工的加班时间在1年内不超过200小时，2019年劳动法第107条第3款规定的情况除外。

员工平日加班以薪资的1.5倍计算，周休日为2倍，法定节假日则为3倍。晚上10点到第二天早上6点为夜班，上夜班的劳动者多获最少其正常工作日工资单价或实付工资的30%工资。夜间加班者，除上述加班工资外，可依其工资单价或日间工资计算，正常工作日或每周例休日或法定节假日多给付 20％的加班工资。

（二）周休

每周劳动者有一次休息，连续最少 24 小时。在特别场合，由于劳动周期不能周休，雇主有责任保证劳动者每月最少 4 天的休息时间。雇主有权决定安排周休日于周日或周内其他日，但需列入内部劳动规章制度。如周休日适逢法定假日、节日的，则劳动者可补休周休日于下一个工作日。

（三）法定节假日、节日带薪休假

1. 劳动者可于以下假日、节日带薪休假。

（1）元旦：1 天（公历元月 1 日）；

（2）农历春节：5 天；

（3）胜利节：1 天（公历 4 月 30 日）；

（4）国际劳动节：1 天（公历 5 月 1 日）；

（5）国庆节：2 天（公历 9 月 2 日及前或后 1 天）；

（6）雄王祭祖日：1 天（农历三月初十）。

2. 除上述规定的假日、节日休假外，对于在越南任职的外籍劳动者还可分别于其本国的国庆节及民族传统春节再休假 1 天。

（四）带薪年休假

1. 劳动者在用人单位工作满 12 个月，按照劳动合同规定，享受带薪年休假。

（1）正常条件下工作的人员的年休假天数为 12 个工作日；

（2）未成年工人、残疾工人以及从事繁重、有毒和危险工作的人员的年休假天数为 14 个工作日；

（3）对于从事极其繁重、有毒和危险职业或工作的人员，年休假天数为 16 个工作日。

2. 工作不满 12 个月的劳动者将享有与工作月数成比例的年休假天数。

3. 辞职或失业但未休年休假或年休假天数未休完的，用人单位将支付未休年休假天数的工资。

4. 用人单位负责与劳动者协商后确定年休假安排，并提前通知劳动者。劳动者可以与用人单位协商分期休年假或合并休假，一次最多 3 年。

5. 如果劳动者享受年休假但未到工资发放期，则劳动者有权按照劳动法规定领取预支工资。

6. 劳动者休年假时，采取公路、铁路、水路出行，且路上天数超过 2 天的，从第 3 天起，额外计算出行时间。每年仅计算 1 次休假出行时间。

（五）病假

1. 疾病津贴的条件。因非工作事故的疾病或事故必须缺勤，并必须根据越南卫生部的规定经有资格的医疗检查和治疗机构予以证明。如果因自我损害健康、酗酒或使用政府禁用的药物或毒品前提而生病或发生事故而需要休假的，则无权享受疾病津贴。

必须请假照顾 7 岁以下患病儿童的，须经有资格的医疗检查和治疗机构确认。

2. 病假期间。一年内享受疾病津贴的最长期限按工作日计算，不含节假日、元旦假期和周休日，具体规定如下。

（1）正常工作情况下，缴纳社会保险不满 15 年的，可享受 30 天的病假；如果缴费时间已满 15～30 年，则为 40 天；如果缴费 30 年及以上的，则为 60 天。

（2）从事越南劳动荣军与社会部、越南卫生部公布的重毒、危险职业，或特别重毒、危险职业或工作，或在这种工作场所工作，地区津贴系数达到 0.7 以上，缴纳社会保险不满 15 年，可享受 40 天；如果缴费时间已满 15～30 年，则为 50 天；如果缴费 30 年及以上的，则为 70 天。

（六）产假

1. 女工人。女工在分娩前后可休产假 6 个月，其中分娩前休产假时间不得超过 2 个月。如女工生育超过 2 个婴儿，每多生一个婴儿，多休 1 个月产假。休产假期满，若有需求，女工可与雇主协商后再无薪休假一段时间。

2. 男工人。妻子生育时缴纳社会保险的男性雇员有权享受休产假 5 个工作日；当妻子分娩需要手术，或分娩 32 周以下的孩子时，有权享受休产假 7 个工作日；当妻子产下双胞胎时，可享受休产假 10 个工作日；产下三胞胎及以上，每增加一个孩子，可享受休产假 3 个工作日；如果妻子产下双胞胎或多胞胎并需要进行手术，有权享受休产假 14 个工作日。上述产假期限，应在妻子生产之日起 30 日内休完。

（七）劳动者的社会保险、医疗保险、失业保险

雇主及劳动者必须参加强制性社会保险、医疗保险、失业保险；依社会保险、医疗保险、失业保险法规，劳动者获享社会保险、医疗保险及失业保险各制度。鼓励雇主、劳动者参加对劳动者的其他保险形式。

社会保险费须由雇主负担劳工薪资总额的 17％，劳工自行负担薪资总额的 7％；医疗保险费须由雇主负担劳工薪资总额的 3％，劳工自行负担薪资总额的 1.5％；失业保险费由雇主负担其给付劳工薪资总额的 1％，劳工自行负担薪资总额的 1％。

对于非属参加强制性社会保险、医疗保险、失业保险对象的劳动者，则雇主应依社会保险、医疗保险、失业保险法规于给付劳动者工资的同时，另给付一笔相当于雇主缴付强制性社会保险、医疗保险、失业保险的款项。

劳动者除工资收入和上述福利外，还可以在节假日获得补贴（现金或等值礼物）。此外，在一些企业，员工还可以获得午餐补贴、停车费、手机费、每日津贴等其他补贴。

小结：

越南法律保障劳工权益，所以在越南投资或经商必须严格遵守劳工法律条例。

七、在越南设立工厂要遵守的环保法律条例

环保法律条例往往是工厂，特别是从事厌恶性行业的工厂面对的难题，必须小心处理，如有违反，轻则支付巨大罚款，重则被勒令停业，所以要小心处理，最好是征询专家意见。

在越南设立工厂主要遵守国民议会 2020 年 11 月 17 日第 72/2020/QH14 号环境保护法，该法自 2022 年 1 月 1 日生效。第 52 条、第 53 条对生产区及其投资者、生产机构的环境保护要求作了规定。

（一）生产、经营、服务集中区的环保要求

环境保护法第 51 条规定，生产、经营、服务集中区必须具备环境保护基础设施。

1. 雨水收集及排水系统，废水集中收集、排放和处理系统，确保处理后的废水符合环保要求。

2. 根据法律规定预防和应对与废水有关的环境事件的工程和设备。

3. 根据法律规定完善集中废水处理系统的废水自动连续监测系统。

4. 绿树面积必须确保符合建筑法规定的比例。

（二）投资者在生产、经营和服务集中区建设和运营基础设施的环保责任

环境保护法第 51 条规定，在生产、经营和服务集中区建设和运营基础设施的投资者应承担以下责任。

1. 建设符合上述第（一）项的环境保护基础设施要求。

2. 按照环保要求安排功能区、生产、经营、服务类型。

3. 投资独立的雨水收集和排水系统，设有集中的废水收集、排水和处理系统。

4. 收集并连接生产、商业和服务区设施的废水，重点是废水集中收集、排放和处理系统。

5. 自 2024 年 1 月 1 日起不得将处理后的废水连接雨水收集和排水系统。

6. 安排环境保护人员接受与所从事工作相适应的环境专业或专业领域的培训。

7. 配合国家环境保护管理机构、省（直辖市）工业园区、出口加工区、高新技术园区、经济区管理委员会组织实施环境保护活动；依照法律规定，协调组织对生产、经营、服务集中区域的场所进行环境保护检查。

8. 组织检查投资项目业主和机构在生产、经营、服务集中区投资登记时环境保护承诺的落实情况。

9. 及时发现违反环境保护法的组织和个人，并依法提出处理建议。

10. 根据法律规定，按照环境保护要求，制定集中生产、经营、服务区域的环境保护规定。

11. 按照法律规定进行环境监测。

12. 根据法律规定编制生产、商业和服务区的环境保护报告，发送给省级环保专门机构、环境许可机构和工业园区管理局、出口加工区、高新区、省和中央直辖市的经济区。

13. 法律规定的其他责任。

（三）生产、经营和服务机构的环保责任

环境保护法第 53 条规定，生产、经营和服务机构的环保责任如下。

1. 收集并处理废水，以满足环保要求。工业集聚区、生产、经营、服务集中区或者市区、居住集中区，已建有污水集中收集、排水和处理系统的，生产、经营和服务机构必须将污水接入污水集中处理系统。废水收集、排水和处理系统按照废水收集、排水和处理系统建设和运营的投资者的规定进行。

2. 自 2024 年 1 月 1 日起，不得将处理后的废水排入雨水收集和排水系统。

3. 按照法律规定收集、分类、储存、再利用、回收和处理废物。

4. 最大限度地减少、收集和处理灰尘、排放物和难闻的气味，确保有害气体不泄漏或扩散到环境中，控制噪声、振动、光、热

辐射。

5. 确保资源、设备预防和应对环境事故。

6. 环境保护法第 111 条第 2 款和第 112 条第 2 款规定的生产、经营和服务设施，必须安排接受环境专业培训或专业领域的环境保护人员，必须按照 ISO14001 或 ISO14001 国际标准拥有环境管理体系认证。

7. 根据法律规定对废水、粉尘和废气进行监测。有下列情形之一的，生产、经营、服务和仓库设施必须与住宅区保持环境安全距离：

（1）具有易燃易爆性质的物质；

（2）有放射性物质、放射性废物或放射性设备；

（3）对人和生物有毒物质；

（4）有散布灰尘、难闻气味、噪声等对人体健康产生不利影响的风险；

（5）有污染水源的危险。

（四）其他环保法律法规

除上述环保要求外，在越南设立工厂时，还需遵守以下越南法律文件：

1. 国会 2010 年 11 月 15 日第 57/2010/QH12 号环境保护法。

2. 国会 2008 年 11 月 13 日第 20/2008/QH12 号生物多样性法。

3. 国会 2007 年 11 月 21 日第 06/2007/QH12 号化学品法。

4. 政府 2021 年 5 月 21 日第 54/2021/ND-CP 号议定《环境影响初步评估政府条例》。

5. 政府 2022 年 7 月 7 日第 45/2022/ND-CP 号政府议定《关于环境保护领域行政违法行为的行政处罚规定》。

6. 政府 2022 年 1 月 10 日第 08/2022/ND–CP 号议定《关于环保法若干条文细则》。

7. 政府 2023 年 1 月 1 日第 02/2023/ND–CP 号议定《关于〈水资源法〉若干条款的实施》。

8. 自然资源环境部 2021 年 6 月 30 日第 10/2021/TT–BTNMT 号通知《环境监测及环境质量监测信息和数据管理技术规定》。

9.《环境技术国家标准》。

10.《危险废物国家标准》。

11.《废水国家标准》。

小结：

环保法律法规必须遵守！在筹备成立工厂之前，除熟识环保法律条例之外，还要采取合法措施，配置适当的设备，以符合环保法律法规的要求。

八、越南有没有碳排放的规定？

碳排放是世界关注的议题，越南也有相关计划实施政策，以顺应世界环保潮流。

根据 2020 年越南环境保护法第三条第 33 款规定，温室气体排放配额是一个国家、组织或个人在规定时间内允许排放的温室气体数量，以吨二氧化碳或吨二氧化碳当量计算。

确定温室气体排放配额的依据包括：（1）越南应对气候变化

战略及其他相关发展战略和规划；（2）2020 年越南环境保护法第
91 条第 3 款规定的清单中的国家、部门和设施级温室气体清单结
果；（3）根据越南国情和国际承诺减少温室气体排放的路线图和
方法，资源和环境部有权确认在国内碳市场交易的温室气体排放
配额。

越南政府已发布了第 06/2022/ND-CP 号议定书，规范温室气
体减排和臭氧层保护。该令具体规定了越南国内碳市场的发展路
线和实施时机：到 2025 年，建立并组织碳信用交易试点运行，开
展能力建设活动并提高对碳市场发展的认识；到 2027 年底前，制
定碳信用额管理、温室气体排放配额和碳信用额交换活动规则；
制定碳信用额交易所的运营法规。与此同时，在有潜力的地区试
点实施碳信用额交换和抵消机制，并根据政府规定实施国内和国
际碳信用额交换和抵消机制的指示。从 2028 年起，将组织官方碳
信用额交易所的运营。该议定书还将制定国内碳信用额与区域和
世界碳市场的连接和交换的法规。

设施可以使用碳信用额交换和抵消机制下项目的碳信用额来
补偿超过一段时期分配的温室气体排放配额。用于抵消排放的碳
信用额度不得超过分配给该设施的温室气体排放配额总量的 10%。
越南鼓励单位自愿偿还未使用的温室气体排放配额，为实现国家
温室气体减排目标作出贡献。在每个承诺期结束时，设施必须通
过拍卖、转让、贷款等方式对超过分配的温室气体排放配额的温
室气体排放进行支付，借入并使用碳信用额进行抵消。除缴费外，
超过分配配额的温室气体排放量将从下一个承诺期的分配配额中
扣除。据此，当设施停止运营、解散或破产时，分配的温室气体
排放配额将由自然资源和环境部自动收回。政府还委托自然资源

和环境部指导温室气体排放配额的拍卖、转让、借贷和支付。

小结：

在越南成立工厂，要了解越南政府碳排放的政策，最好是咨询律师，以确保工厂建设和运营符合越南最新的碳排放的相关要求。

九、越南对工厂输入设备或机器有什么特别规则或管制？

在越南成立工厂和在其他国家成立工厂一样，都要知道当地对输入设备或机器有什么规则和管制，这是投资者必须知道的细节。

越南政府第44/2016/ND-CP号议定详细规定了职业安全卫生法中有关劳动安全技术检查、安全培训、劳动卫生和劳动环境监测的若干条款，以及劳动社会荣军部第36/2019/TT-BLDTBXH号通知，颁布了检查所需设备清单。因此，使用要求严格的机械设备的场所和企业必须经过技术安全检查并加盖印章后才能投入使用。

安全和劳动卫生要求严格的机械、设备、材料和物资的清单如下。

1. 额定蒸汽工作压力在0.7千帕以上的各类锅炉（包括过热器和热水器），制冷剂温度高于115℃的热水锅炉。

2.油加热器。

3.根据越南标准 TCVN 6158：1996 和 TCVN 6159 的分类，Ⅰ级和Ⅱ级蒸汽和热水管道系统的外径为 5 毫米或以上，Ⅲ级和Ⅳ级管道系统的外径为 76 毫米或以上。

4.根据越南标准 TCVN 8366：2010 分类，额定工作压力高于 0.7 千帕（不包括静水压力）的压力容器和额定工作压力等级高于 210 千帕的压力容器。

5.用于储存和运输液化石油气、液化石油气、压缩天然气或工作压力高于 0.7 千帕的液体或固体，或粉末形式没有压力但取出时使用具有一定压力空气的罐。根据越南标准 TCVN 8366：2010 的分类，压力高于 0.7 千帕。

6.用于储存和运输工作压力高于 0.7 千帕的压缩气体、液化气、压缩天然气、液化石油气、溶解气体的瓶类。

7.压缩空气、液化石油气、溶解气体的供给系统、调制系统、充气系统。

8.固定燃气管道系统、可变燃气管道系统，医用气体管道系统。

9.根据越南标准 TCVN 6104：2015 分类的所有类型的制冷系统，工作介质为水和空气的制冷系统除外；制冷系统，1 类制冷剂充注量小于 5 公斤，2 类制冷剂充注量小于 2.5 公斤，3 类制冷剂充注量不受限制。

10.各类起重机：汽车起重机、轮式起重机、履带式起重机、塔式起重机、铁路起重机、基础起重机等。

11.所有类型的起重机：滚筒起重机、悬挂起重机。

12.各种类型的龙门起重机：龙门起重机、半龙门起重机。

13. 货物电缆井，用于载人的电缆井，建筑机械中的电缆井、斜井装载井、垂直井装载井。

14. 电动葫芦，起重能力为 1000 公斤以上的手拉葫芦。

15. 在轨道上运行的电动绞车。

16. 用于提升负载和沿倾斜方向拉动负载的电动绞盘、升降台、高架地板，利用平台来提升高空作业人员的高架地板，用于提升高空作业人员的绞车。

17. 起重能力为 1000 公斤以上的手动绞车。

18. 起重能力为 1000 公斤或以上的发动机驱动叉车。

19. 叉车：自行式叉车，采用液压传动机构、手动传动链条将人提升 2 米以上的叉车。

20. 用于提升货物的起重机，与人一起吊运货物的葫芦，提升人员的升降机，施工中使用的提升机。

21. 各种类型的电梯。

22. 自动扶梯，载人传送带。

23. 移动表演舞台。

24. 机动游戏设备：过山车，摩天轮，载人高度在 2 米以上、在固定地板上方行驶速度为 3 米 / 秒的滑梯，体育设施除外。

25. 用于载人的缆车系统。

26. 地下采矿中使用起重能力为 1000 公斤或以上的绞车和装载轴。

27. 单液压支撑柱、由单液压支撑柱制成的移动式货架和自走式支撑系统，用于地下采矿中的支撑熔炉。

28. 内燃机（曲轴箱容积超过 0.6 立方米或气缸直径超过 200 毫米）。

29. 防爆变压器。

30. 防爆房间电机。

31. 防爆配电开关设备（磁力起动器、软起动器、断路器、自动断路器、变频器、漏电流继电器）。

32. 防爆控制设备（控制面板、按钮盒）。

33. 防爆发电机。

34. 防爆房间电源线。

35. 防爆照明灯。

36. 电动矿山充填机。

37. 滑动模板系统。

38. 爬升模板系统。

39. 滑动模板钢桁架系统。

40. 带有绞车系统的专用钻孔机、压桩机和驱动机。

41. 混凝土泵。

42. 隧道和地下施工机械：露天开挖技术的机械和设备、封闭式挖掘技术中的机器和设备、采用盾构技术的地下施工机械、地下混凝土制造机。

43. 钢脚手架系统，组合杆和柱。

44. 建筑中用于提升人员的悬挂平台。

45. 最大发射功率为 150 瓦以上的电台。

46. 最大发射功率为 150 瓦以上的电视台。

此外，二手机械和设备必须符合所有进口和使用条件。根据第 18/2019/QD–TTg 号决定，第 6 条规定的二手机械和设备进口标准如下。

1. 设备使用年限不超过 10 年。对于某些特定领域的机械设备，其设备使用年限在本决定附件一中进行了详细规定。

2. 符合以下制造标准：符合国家技术法规（QCVN）有关安全、节能、环保的规定；如果进口机械设备没有相关 QCVN，则进口机械设备必须按照越南国家标准（TCVN）或越南标准的技术规格制造。

如果企业在越南进行生产，为保证生产活动的正常稳定，需要进口设备年龄超过规定的旧机械设备，要求产能（根据机械设备单位时间内创造的产品数量）或机械设备的剩余效率仍在 85％ 以上，机械设备的设计能力或效率与原材料、能源消耗不超过 15％ 的设计。企业直接或通过邮寄或通过在线公共服务门户向科学技术部提交 1 套申请进口许可的文件，供科学技术部审议决定。

小结：

在越南设立工厂，必须留意上述设备的入口规则及管制，如有需要，应该咨询专家。

十、在越南设立工厂，还有什么需要注意的？

在越南设立工厂，还需要注意其他一些事项，以免工厂正常运作的时候，遇上不可预见的情况而停运。

（一）注意尊重当地的法律和民族风俗习惯

在越南投资要注意尊重当地的法律，尤其要尊重越南的劳动法和环境保护法，越南对这两个法律的执行力度非常大。越南不允许在工厂里面设立生活区，工人不能在工厂里面居住，同时考虑到越南人普遍都有摩托车作为代步工具，因此可以选择在工厂合适范围内招工或者在附近替工人租用民房。越南人民性格直爽，加班或者晚一点发放工资之类及与员工有切身利益相关的事情，必须提前向员工说明，否则会引起不必要的纠纷。

在越南要注意尊重当地的民族风俗习惯，与当地人处理好相互之间的关系，避免与附近居民发生冲突。进入越南寺庙、教堂、宫殿、高级娱乐场等正式场合时，衣着须端庄整洁，不可袒胸露背，不可穿拖鞋、短裤、迷你裙、无袖上衣或其他不适宜的衣服。注意避开当街排列的祭祀用品，千万不可踩踏。越南人对"3"这个数字比较敏感，拍照时忌讳3人合影，不能用1根火柴或打火机连续给3个人点烟，当地人认为这是不吉利的行为。

（二）做好突发事件应急处理措施

设立工厂须提前做好各类应急准备，采取措施加强各企业的应急管理，提高对突发事件的处置能力，以维护各企业运营环境和保护公司利益。

1. 做好突发事件的防范准备工作。企业可成立应急小组负责突发事件应急预案的制定及应急管理工作，组织员工演练和实施；设置好防火系统、摄像监控系统；设置备用电系统，及时备份所有电脑资料；储备食物、药品、水、油料；尽量不在公司内保存大量贵重物品、现金等；及时到出入境管理机构和当地公安部门登记人员变化情况，便于当地政府和公安部门在突发事件发生后及时有效开展救援；定期向使馆领馆、商会汇报项目进展情况和人员情况，提供专人联系方式，以便在紧急情况下便于互相传达信息。

2. 突发事件发生期间的处理措施。发生突发事件后，要采取措施保护企业员工和财产的安全。应急小组领导要根据当地安全和治安状况进行分析，及时向当地公安部门或其他部门报告情况，同时将现场情况及时汇报给使馆领馆协商处理方案。重大突发事件需要人员撤离的，要做好资料整理和处理、财产状况的证据固定、财物的集中封存等撤离准备工作；暂停生产、经营，断电及处理易燃、可燃物品；应急小组组长现场指挥，安排车辆、驾驶人员选择最安全、快捷的撤离路线，有序地安排人员撤离，其中身体状况不好的人员优先撤离。在撤离时，各部门负责人需统计人员情况；当司机无法到现场时，由车辆管理人安排有驾驶经验的人员驾驶。现场应急小组及时向当地相关政府部门及使领馆报告相关信息，包括突发事件描述、人员伤亡情况及失踪情况、初步估计的直接损失、救援请求等。

3.突发事件后续处理工作。突发事件过去后，企业最重要的工作是提供和保留好现场证据，领取标准版"财产损失统计表"并填写受损实际情况，配合当地政府或公安部门对受损企业实际受损情况进行取证，对受损企业上报的财产损失统计表进行核实。

小结：

除入境问禁、入乡随俗之外，在越南设立工厂，要做好预防措施以应对突发事件。

十一、在越南设立工厂的程序简介

在越南设立工厂手续并不简单，以下只是程序简介，具体手续最好还是咨询律师或专业人士。

国外投资者在越南设立工厂，须按照以下步骤进行。

（一）寻找设立工厂的地点

投资者可以先寻找合适的工厂地点。工厂可以设在工业区、出口加工区、高新科技园区、经济区或其他区域。（工业区适合生产工业产品的工厂，或为生产工业产品而提供服务的工厂；出口加工区适合生产出口货品的工厂，或为生产出口货品而提供有关服务的工厂；高新科技园区适合从事高新科技产品的工厂，或为高新科技提供业务的工厂；经济区适合在经济特区营商或提供服务的公司或工厂。）

如投资者计划把工厂设在工业区、出口加工区、高新科技园区或经济区的区内，则可联络该工业区、出口加工区、高新科技园区或经济区的管理委员会寻找合适的项目场址。

如投资者有意在工业区、出口加工区、高新科技园区或经济区之外设立工厂，则应联络省、直辖市的自然资源与环境厅，并由该部门建议一个合适的项目场址。

如投资者自己于工业区、出口加工区、高新科技园区或经济区之外的区域找到设厂场地（如租用其他企业的土地、厂房），亦须向省、直辖市的自然资源与环境厅了解该场地是否符合当地的土地用途规划。

此过程大约需要 30 个工作日。如果工厂规模较大，或者需要更长的审批时间，则可能要花费更多的时间，另外也包括其他客观因素导致花费更多的时间。

（二）办理投资登记

当投资者与业主就设厂场地达成协议后，投资者要为他们的工厂投资项目，向越南投资登记部门进行投资登记（如设厂场地在工业区、出口加工区、高新科技园区或经济区内，投资登记部门是该区的管理委员会；如设厂场地在工业区、出口加工区、高新科技园区、经济区之外，投资登记部门是其所在的省、直辖市的计划投资厅）

此过程由投资者向投资登记部门提交完整的申请文件之日起，大约30个或以上的工作日。

（三）设立公司

在取得工厂投资项目的投资登记证后，投资者须开始按前文所介绍的程序设立公司并运作工厂。在越南设立公司的程序主要包括申请商业登记证、税号，以及申请公司印章。公司设立后，即可正式进行工厂的建设运作事宜。

此过程由投资者向公司登记注册机关提交申请文件之日起10个工作日。某些特定的工厂需要额外的证照，如化工厂、回收工厂、电子组件厂等，可能需要更多时间。

小结：

在越南成立工厂，必须首先预备好所需文件，并且咨询律师，找到适当地点后，才可以进行申请程序。

第三部分

越南的税制

一、越南关税是怎样计算的？税率是多少？

税是每个商业活动都要注意并严谨处理的，因为税制直接影响业务的盈利，也是投资者和营业者的法律责任。西方有一句谚语："除了死亡和税收，没有什么是确定的。"因此，在越南生活或营商，必须知道越南的税制。当然，最好是咨询律师和会计师，以获取专业意见。

2007 年，越南加入世界贸易组织（WTO）。因此，越南海关估价大体遵照 WTO 估价协定。

进口货物的完税价格一般基于交易价格。例如，已付或应付的进口货物价格，并在适当情况下针对某些应税或免税因素进行调整。如果不采用交易价格，则可以使用其他完税价格计算方法。

出口税仅针对少数专案征收，一般适用于自然资源，包括沙料、白垩岩、大理石、花岗岩、矿石、原油、林产品和废金属，税率范围为 0%～40%。出口税的税基为离岸价/边境交货价格，即在合约中所规定启运港的销售价格，不包括运费和保险费。如果出口货物的海关价值无法使用交易价值法认定，则由海关当局依序使用海关的估价：海关当局定价数据库中类似出口货物的交易价格→经过调整的当地市场上的类似货物销售价格→海关当局收集、分类和调整后的出口货物销售价格。

（一）关税税率

进出口关税税率可能经常变更（通常于年底进行更新）。

越南大部分进口的商品均需缴纳进口关税，但符合免税条件的除外。

进口关税是从价计算的，即将进口商品的应税价值乘以相应的进口关税税率。

进口关税率分为普通税率、优惠税率、特殊优惠税率三类。其中，优惠税率适用于从与越南建立"最惠国"（MFN，也称作"正常贸易关系"）关系的国家进口的货物。MFN 税率依据越南加入 WTO 承诺实行，并适用于从其他 WTO 成员方进口的货物。特殊优惠税率适用于从与越南签订特惠贸易协定的国家进口货物。目前越南已签订的自由贸易协定（FTA）包括东盟成员国之间，东盟成员国与日本、中国、印度、韩国、澳大利亚、新西兰之间，东盟成员国与澳大利亚、中国、日本、韩国、新西兰之间；越南与日本、智利、韩国、柬埔寨及老挝之间；越南与欧亚经济联盟间及越南与俄罗斯、白俄罗斯、哈萨克斯坦之间的关税联盟；《全面与进步的跨太平洋伙伴关系协定》(CPTPP)；《越南—欧盟自由贸易协定》（EVFTA)、《越南与大不列颠及北爱尔兰联合王国自由贸易协定》(UKVFTA)。

此外，越南与冰岛、列支敦士登、挪威及瑞士（欧洲自由贸易联盟）的自由贸易协定，及越南与以色列的自由贸易协定也正在谈判中。

进口货物若要享受优惠税率和特殊优惠税率，必须提供有效的原产地证书。从非优待（非优惠）国家采购货物时，将按普通税率（最惠国税率另加 50%）征税。

进口增值税也适用于进口商品，常见的税率为10%。

（二）关税减免

被归类为受鼓励行业或地区的专案，以及在特定情况下进口的其他货物将享受进口关税减免优惠。进口关税减免对象包括：

（1）构成受鼓励性投资专案的固定资产的机器设备、专用交通工具和专用建筑材料（无法在越南生产的）；

（2）用于油气活动的进口机械设备、专用交通工具、专用材料（无法在越南生产的）及办公设备；

（3）用于生产出口商品的原料、物品和配件；

（4）用于加工出口商品的原料、物品和配件；

（5）在自由贸易区中制造、加工、回收、装配而没有使用进口原料或配件的商品进口至当地市场；

（6）未能在本地生产以及受鼓励的专案生产而进口的原料、物品和配件；

（7）以保固、维修及更换为目的暂时进口或出口的商品。

（三）退税

属于以下情况的可以获得进口关税退税：

（1）已缴纳进口关税，但实际上未进口的货物；

（2）未使用且必须再出口的进口货物；

（3）为了生产国内市场产品而进口，但之后用于加工出口货物（根据与外国相关方签订的加工合同）的进口原材料。

小结：

在越南出口货物或进口货物，有部分可能需要支付关税，因此在进行这些商业活动之前，应该征询律师或会计师意见，了解关税的要求，并且遵守。

二、越南企业所得税是怎样计算的？税率是多少？

企业所得税的英文是 corporate income tax，简称 CIT。在越南，企业需要按照企业所得税法规定的税率缴纳 CIT。

（一）CIT 税率

标准 CIT 税率为 20%。石油及天然气产业的 CIT 税率依据地点和具体项目条件而定，一般为 32%～50%。

另一部分矿产资源勘探、探测和开采公司，则需依据专案地点而定，CIT 税率为 40% 或 50%。

（二）应税利润计算

应税利润是指总收入（无论是来源于国内还是国外）与可扣除费用之间的差额，再加上其他应税所得。

纳税人需要填写年度 CIT 申报表，其中包括对会计利润进行调整，以得出应税利润。

（三）不可扣减的费用

费用可扣除的条件是其与营利收入有关并有适当的支持凭证（包括发票金额在 2000 万越南盾以上须有银行转账凭证），以及没有明确规定为不可扣除费用，则在计算税项时可将其扣除。不可扣除费用示例包括：

（1）不符合现行规定的固定资产折旧；

（2）未实际支付或未在劳动合同、集体劳动合同或企业政策中载明的员工薪酬费用；

（3）超过一个月平均薪资上限的员工福利（包括向员工家庭

成员提供的某些利益），非强制性医疗保险和意外保险被视为一种
员工福利形式；

（4）每人每月超出 300 万越南盾的自愿退休金缴纳及员工人
寿保险；

（5）不符合现行规定的研发准备金；

（6）超过劳动法所规定金额的离职补贴准备金和离职补贴
支付；

（7）外企总部向越南常设机构（PE）分摊的间接费用金额，
超出了分摊规则所规定标准；

（8）任何未缴纳注册资本相应部分的贷款利息；

（9）来自非经济和非信贷机构，且超过越南国家银行设定利
率 1.5 倍的贷款利息；

（10）利息费用超过税息折旧及摊销前利润（EBITDA）的
30%；

（11）未依据现行法规作出的股票贬值、坏账、金融投资损
失、产品保证或建筑工程的资金储备；

（12）财务年度结束时，对非应付账款的外币货币性余额进行
重估，由此产生的外汇损失；

（13）捐款，不包括教育、医疗、自然灾害、为贫困者建造慈
善住所或科学研究的捐款；

（14）行政处罚、罚款、逾期付款利息；

（15）未符合条件的关联公司间服务费。

针对保险公司、证券交易和彩券等特定业务，财政部发布了
对 CIT 可扣除费用的具体指导。

越南的企业实体允许设立可减免课税的研发基金，研发基金

不能超过税前年收入的 10%。

（四）CIT 优惠

税收优惠政策适用于符合法定条件的新投资，包括国家鼓励类行业、特定地区投资以及大型专项投资项目。新投资项目和业务扩展项目不包括因并购或重组而发生的情况。自 2015 年起，符合特定条件的业务扩展项目（包括在 2009—2013 年期间获得许可或实施的，并且在此之前无权享受任何 CIT 优惠的扩展专案）也有权享受 CIT 优惠。享受 CIT 优惠的行业或特定地区包括：

1. 越南政府鼓励的行业包括教育、医疗、体育、文化、高科技、环保、研发及科技发展、基础开发、农产品和水产品加工、软件生产及可再生能源。

2. 涉及优先开发工业产品制造的新投资专案或扩大投资计划在满足以下条件之一时可享受 CIT 优惠：

（1）用于支援高科技行业的产品；

（2）用于支援服装、纺织品、鞋品、电子用品、汽车装配或机械行业的产品。

3. 鼓励的特定地区包括符合条件的经济与科技园区、某些工业园区，以及发展困难的经济区。

4. 大型制造业专案（不包括与需缴纳特别销售税的产品制造相关的专案，或是矿产资源开采专案）有权取得税务优惠的条件如下。

（1）资本总额达 6 兆亿越南盾或以上，且于取得投资许可证后 3 年内拨付到位，若满足以下条件之一：

① 在第 4 年经营中，年收入最低达到 10 亿越南盾；

② 在第 4 年经营中，员工人数超过 3000 人。

（2）资本总额达 12 亿越南盾或以上，且于取得投资许可证后 5 年内拨付到位，并采用相关法律审批的工艺技术的专案。

自 2016 年 1 月 1 日起，两种常见优惠税率 10％和 17％的可用期间分别为 15 年和 10 年，从优惠活动开始有收入的年份起算。在某些情况下，优惠税率的实行期间可以延长。优惠税率到期后，CIT 税率恢复为标准税率。某些领域的专案将在整个周期内享受 15％的优惠税率。某些社会化领域（如教育、健康）专案将在整个周期内享受 10％的税率。

其他纳税人也有机会获得免税和减税的优惠。免税时间的计算是从企业的税务优惠活动首次有利润的年份开始计算，在一定的时间内免税，随后就是适用税率的 50％减税阶段。但是，若企业自开始经营税务优惠活动起 3 年内没有应税利润，免税或减税期将从第 4 年经营开始计算。免税或减税期的享受资格条件依照 CIT 法规定。

此外，从事制造、建筑和运输活动，并雇用较多女性或少数民族员工的企业也可能获得额外减税。

从 2018 年 1 月 1 日起，中小企业获得包括较低企业所得税率在内的某些优惠措施（中小企业需符合多项标准）。目前，一项关于支持和发展中小企业的企业所得税政策的决议正在起草中，以考虑将适用于中小企业的企业所得税税率降低到 15％～17％，并提供各种免税期，如中小企业成立后的两年内免征企业所得税。

以上适用于受国家鼓励行业投资的 CIT 税收优惠，并不适用于企业获得的其他收入（除了与奖励活动有关的收入，如废物处理）。

小结：

CIT 是越南企业必须支付的税项，必须小心谨慎处理，最好是找律师和会计师帮忙。

三、越南个人所得税是怎样计算的？税率是多少？

个人所得税适用于个人取得的应纳税收入。因此，作为一般规则，个人所得税是个人义务。但是公司有代扣代缴义务，即在向员工支付收入之前代扣其应纳税款，并向税务机关缴纳已代扣的税款金额。

越南纳税年度为西历年。但是，如果个人第一次入境的西历年不足 183 天，则其首个纳税年度应为从入境日起算的 12 个月期间。之后，纳税年度即为西历年。

（一）应纳税所得额

应纳税所得额包括就业收入、经营收入、资本投资收入、资本转移收入、房地产转让收入和其他应纳税所得额。

1. 就业收入。应税就业收入包括工资、津贴（不包括有毒津贴、危险津贴、优惠津贴、区域津贴、遣散费、社会保险基金支付的其他津贴等）的收入，董事会、监理会、管理委员会、商业协会和其他组织成员的收入以及其他货币或实物收益。但是，以下项目无需缴税：

（1）出差相关的费用；

（2）电话费、文具用品费用；

（3）工作服装（如果以现金方式提供工作服装，需要遵守相关限额）；

（4）加班津贴是指高于正常薪资的额外津贴，而不是加班、夜班的工资；

（5）安家费相关的一次性补贴，适用于越南人从越南前往海外工作、外派员工到越南工作、长期居住在海外的越南人返回越南工作等情形；

（6）往返工作场所的交通费用；

（7）外派员工和在海外工作的越南人每年一次的探亲假往返机票费用；

（8）外派员工和在海外工作的越南人的子女在越南的高中阶段前的学费；

（9）培训费用；

（10）中班用餐（如果以现金方式提供用餐，需要遵守相关限额）；

（11）统一以实物形式提供的某些福利（如会员费、娱乐、医疗保健）；

（12）在多个岗位（如石油、采矿）中轮调工作员工的机票费；

（13）雇主对某些本地和海外非强制性保险计划的供款，但不向员工支付累计保费（如医疗保险、意外伤害保险）；

（14）婚礼、葬礼相关的津贴或利益（需要遵守上限）。

以上免税项目会有一些适用条件和限制。

2. 经营、投资等收入及其他应纳税所得。

（1）商业收入（包括年收入超过1亿越南盾的租金）；

（2）投资收益（如利息、股息等）；

（3）股份出售收益；

（4）房地产出售收益；

（5）超过1000万越南盾的继承财产；

（6）超过1000万越南盾的奖金或礼品（不包括在赌场赢得的收入）；

（7）超过1000万越南盾的版权或特许经营权或特许权使用费或馈赠。

3. 免征所得税的收入。免税的所得收入包括：

（1）在信贷机构或银行的存款及人寿保险合同所得的利息；

（2）根据人寿或非人寿保险单支付的赔偿金；

（3）根据越南社会保险法（或者国外同等法律）支付的退休金；

（4）各直系家属成员之间的财产转让收入；

（5）各直系家属成员之间的财产继承或赠予；

（6）根据自愿保险制度支付的每月退休金；

（7）越南船员为外国船务公司或越南国际运输公司工作所得的收入；

（8）在赌场赢得的收入。

（二）税率

居民就业收入按部分累进税率征税，见表3-1。

表3-1　居民就业收入累进税率情况

税阶	每年应纳税收入部分 / 百万越南盾	每月应纳税收入部分 / 百万越南盾	税率
1	< 60	< 5	5%
2	60 ～ < 120	5 ～ < 10	10%
3	120 ～ < 216	10 ～ < 18	15%
4	216 ～ < 384	18 ～ < 32	20%

续表

税阶	每年应纳税收入部分 / 百万越南盾	每月应纳税收入部分 / 百万越南盾	税率
5	384 ～ < 624	32 ～ < 52	25 %
6	624 ～ < 960	52 ～ < 80	30 %
7	≥ 960	≥ 80	35 %

其他按固定税率征税的收入类型见表 3-2。

表 3-2　其他按固定税率征税的收入类型

应税收入类型	税率
资本转移收入	20 %（资本转让价格的 0.1 %）
业务收入	收入的 0.5 % ～ 5 %（取决于业务类型）
证券转让收益	证券转让价格的 0.1 %
房地产转让收入	转让价格的 2 %
中奖收入或遗产收入或礼品	超过 1000 万越南盾的收入份额的 10 %
版权收入和特许经营收入	收入超过 1000 万越南盾的 5 %
利息、股息收入	5 %

（三）应纳税额的减免

可从个人所得税应纳税额中减免的项目包括：

1. 员工缴纳的强制性社保、医疗和失业保险费；

2. 自愿缴纳的当地养老金（需要遵守上限）；

3. 员工向某些认可的慈善机构进行的捐赠；

4. 个人所得免税额 1100 万越南盾 / 月；

5. 扶养人减税额为每月每扶养人 440 万越南盾，扶养人减税额不会自动准予，纳税人需要申报登记有资格的扶养人，并向税务机关提供相关文件。

小结:

税额或税率会不时因为法律而改变,在计算个人所得税时,必须留意越南最新的个人所得税法律和规定。

四、越南遗产税是怎样计算的? 税率是多少?

越南是要缴付遗产税的,适用于死者在越南的遗产。

(一)应纳税所得额

接受继承或赠予的应税收入是指每次收到的作为继承或赠予的财产价值超过 1000 万越南盾的财产。作为继承或赠予收到的财产的价值根据以下具体情况确定:

1. 对于证券的继承和赠予。继承资产的价值为所有权转让登记时证券的价值,具体如下。

(1)对于在联交所交易的证券,证券的价值以证券所有权登记时联交所的参考价格为基础。

(2)对于除上述情况以外的证券。证券的价值以发行该类证券的公司在所有权登记前最晚时间的账面价值为基础。

2. 对于在经济组织和商业机构中的出资作为遗产和赠予。计算纳税的收入是根据公司所有权登记的最近时间的公司账面价值确定的出资价值的出资额。

3. 对于属于房地产的继承和赠予。房地产的价值确定原则如下。

(1)房地产作为土地使用权价值的,按照个人办理手续时省人民委员会规定的土地价格表确定土地使用权价值。

(2)房地产包括房屋和土地上的建筑工程,其房地产价值按照国家主管部门对房屋价值分类的规定确定，按办理所有权登记手续时房屋或建筑工程的剩余价值计算。

上述规定不能确定的，按照省人民委员会规定的登记费计算价格执行。

4.继承、赠予的其他资产，其所有权或者使用权须向国家管理机构登记的，资产价值按照政府颁布的登记费计算价目表确定。

（二）税率

继承和赠予个人所得税按照完整税表执行，税率为10%。

（三）确定应纳税所得额的时间

遗产、赠予所得应纳税所得额的确定时间是个人办理继承财产或者赠予的所有权、使用权登记手续的时间。

（四）免税情形

下列主体之间的继承、赠予房地产所得，免征个人所得税：

（1）妻子和丈夫之间；

（2）亲生父亲、亲生母亲和亲生子女之间；

（3）养父、养母和养子之间，公公、婆婆和儿媳之间；

（4）岳父、岳母和女婿之间，祖父、祖母和孙子之间；

（5）祖父、祖母和孙子之间，在一起生活的兄弟姐妹之间。

小结：

在越南生活，应该咨询律师遗产税的计算，并且作出适当的调配。如果有需要，可立遗嘱，并且将财产作出适当的调配，以节省税费。

五、越南增值税是怎样计算的？税率是多少？

越南法律规定的增值税（VAT）是指对商品和服务在从生产、流通到消费过程中产生的增值额计算的税。国内企业必须根据所提供货物或服务的价值收取 VAT。除此之外，VAT 还适用于进口货物的应税价格。进口商必须在缴纳进口关税的同时向海关当局缴纳 VAT。针对进口服务，VAT 通过外国承包商税（foreign contractor tax，FCT）机制征收。

（一）增值税的计算方法

增值税的计算方法包括增值税抵扣法和增值税直接计算法。

1. 增值税抵扣法。抵扣法适用于依据相关法规保持有完整账目、发票和单据的商业公司，包括需要缴纳 VAT 的年收入在 10 亿越南盾及以上的商业公司；自愿按抵扣法进行项下 VAT 申报登记的某些情况。

根据抵扣方法，应缴纳的增值税金额等于可抵扣的销项增值税金额减去进项增值税金额，即

$$应缴 VAT = 销项 VAT - 进项 VAT$$

销项增值税金额等于增值税发票上注明的商品和服务增值税总额。

抵扣进项增值税额为购买货物劳务增值税发票、进口货物增值税缴款发票上注明的增值税总额，且符合条件规定。

2. 增值税直接计算方法。此方法适用于需要缴纳 VAT 的年收入少于 10 亿越南盾的商业公司；个人经营户；未保持完整账目的商业公司和外国组织，或以投资法中未规定的形式开展商业活动的个体；从事金、银和宝石交易的商业公司。具体方法为：

$$应缴\,VAT = 所售货物或服务的增加值 \times VAT\,税率$$

如果在某段期间，金、银或宝石交易的增加值为负，则可以抵消在同一期间内这些活动的任何正增值。任何剩余负差额都可以结转到同一西历年的后续期间，但不能结转到下一年。

VAT 申报方法一旦选定后，必须持续采用 2 年。

（二）输入增值税的抵扣条件规定

1. 在进口时有购买货物、服务或增值税支付凭证的增值税发票。

2. 对购买的货物或服务提供非现金付款凭证，但每次购买价值低于 2000 万越南盾的货物和服务除外。

3. 对于出口货物和服务，除上述条件外，还必须与外国方签订关于销售、加工货物和服务供应的合同；销售商品和服务的发票；非现金付款凭证；出口货物的报关单。

以出口货物和服务与进口货物和服务之间的清算形式支付出口货物和服务的款项，以代替国家偿还债务，应视为非现金付款。

（三）无需申报和缴纳 VAT 的货物或服务

针对以下项目，无需缴纳销项 VAT，但相关采购的已缴进项 VAT 仍可以抵免增值税额。这些项目包括：

1. 报酬、奖金和补贴，除了作为某些服务交换而提供的项目。

2. 排放权转让及相关各种财务收入。

3. 在越南没有常设机构的外国公司提供的某些服务（如果这些服务是在越南境外提供），包括运输工具、机器或设备维修、广告、市场营销、促进海外经纪活动的投资和交易，以及在海外销售货物和服务、培训、某些国际通信的服务。

4. 投资项目转让。

5. 尚未加工成其他产品或仅经过初加工的农产品销售。

6. 以实物进行的资本投入。

7. 保险公司从第三方所收取的赔偿金或赔款。

8. 代替未参与货物或服务提供的其他相关方收取的款项（如公司 A 从公司 B 采购货物或服务，但向公司 C 付款，然后公司 C 再向公司 B 付款，公司 C 向公司 B 支付的款项不需要缴纳 VAT）。

9. 通过以下方式获得的佣金：代理人以委托人确定的价格销售服务，包括邮政、通信、彩券、飞机票、公共汽车票、船票、火车票；有权享受 0 VAT 的国际运输、航空和航运业务代理；保险代理。

10. 通过销售免税货物或服务获得的佣金。

11. 因海外客户退货，先出口后再复运进口返回越南的货物。

（四）免征增值税的货物和服务

规定的 VAT 免征对象包括：

1. 某些农产品。

2. 由年收入在 1 亿越南盾或以下的个人提供的货物或服务。

3. 进口或承租越南无法生产的某些钻探装置、飞机和船舶。

4. 土地使用权转让（具体情况则有详细指引）。

5. 衍生金融商品和信贷服务（包括信用卡发行、融资租赁和融资保理）；借方在贷方授权下进行的出售属于应缴纳 VAT 对象的抵押资产，以偿付担保贷款，需提供信用信息。

6. 各种证券活动，包括基金管理。

7. 资本转让。

8. 外汇交易。

9. 债务保理。

10. 某些保险服务（包括人寿保险、医疗保险、农业保险和再保险）。

11. 老人或残障人士照护等医疗服务。

12. 教育和培训。

13. 报纸、杂志和某些类型书籍的印刷与出版。

14. 公共巴士客运。

15. 技术、软件和软件服务转让，除了有权享受 0 税率的出口软件。

16. 尚未加工成珠宝的进口金块。

17. 出口未加工或已加工的自然资源，且其成本至少包括 51% 的自然资源或能源。

18. 无法在越南生产，且直接用于科研和技术开发活动的机器、设备和材料进口。

19. 无法在越南生产，且用于勘探、探测和开发油气田的设备、机器、零配件、专用运输工具和必要材料。

20. 在以下情况下进口的货物：不可归还的国际援助，包括来自官方发展援助、外国向政府机构和个人进行的捐助（根据相关限制）。

21. 肥料、牲畜、家禽、海鲜及其他动物饲料、农业专用机械和设备。

（五）税率

越南 VAT 税率根据不同行业类型其税率不同，主要有以下三种税率适用类型（表 3-3）。

表 3-3　VAT 税率适用类型

VAT 税率	适用类型
0	此税率适用于出口货物，包括销往非关税地区及出口加工企业的货物，加工用于出口或国内出口的货物（根据相关条件），销往免税商店的货物，某些出口服务、为出口加工企业进行的建筑与安装，空运、海运和国际运输服务
5%	此税率一般适用于涉及必需品和服务提供的经济领域。包括清洁水，教学器材，书籍，未加工的食品，医药及医疗器材，畜牧饲料，各种农产品和服务，科技服务，胶乳，糖及其副产品，某些文化、艺术、体育服务或产品，社会住房，等等
10%	此税率适用于未规定为不涉及 VAT、免税或 5% 税率的活动

如果项目无法基于税率明确分类，则 VAT 必须依据适用于特定物品范围的最高税率计算。

对于直接向外国公司（包括非关税区内的公司）提供的服务和销售的货物，如果是在越南境外或非关税地区内消费，则可以享受 0 VAT。

要为出口货物和服务（除了国际运输服务）申请 0 VAT，需要提供各种支持文件，如合同、非现金付款凭据和报关单（针对出口货物）。

VAT 法规中规定了许多没有资格享受 0 VAT 的服务，具体包括在越南向外国客户提供的广告、酒店服务、培训、娱乐、旅游服务；向非关税地区提供的各种服务（包括房屋租赁、员工往返工作地点的交通服务、某些餐饮服务），以及与在越南进行货物贸易和分销相关的服务。

（六）VAT 退税

仅在某些情况下允许 VAT 退税，包含：

1. 出口商需抵扣的超额进项 VAT 超过 3 亿越南盾。依照企业 VAT 申报期间，按月或季度给予退税。与出口销售相应的进项 VAT（符合 VAT 退税条件），其可退税给企业的金额不可超过出口收入的 10％。根据不同情况，VAT 退税还适用于进口货物后未经加工而出口的企业。

2. 在运营前阶段采用扣除法的新投资计划企业及其累计需抵扣的 VAT 超过 3 亿越南盾，但不包括未符合规定条件的投资方案，或投资方案的资本未按规定拨付到位者。

3. 某些官方援助方案（ODA），有外交豁免的外国人于越南采购商品至国外消费。

其他情况下，在某经营期中企业的进项 VAT 超过销项 VAT 时，则其超越部分将延后与未来销项 VAT 互抵。

小结：

越南增值税应用广泛，是营商者的成本之一，其税率和计算方式都是值得营商者关注的问题。

六、越南还有什么税项？

在越南营商，还要注意其他税项。在越南的大多数商业和投资活动还可能涉及以下税收和费用。

（一）外国承包商税（FCT）

外国承包商税是指外国承包商在越南境内提供服务或销售附加了服务的货物时须承担的纳税义务。外国承包商税并不是一种专门的税，而是通过缴纳 VAT 和 CIT（或 PIT）来实现的。

（二）资本转让税

资本转让税是指在转让越南公司的投资份额时所须承担的纳税义务。资本转让税并不是一种专门的税，而是通过缴纳所得税来实现的。所得税率为 20%，可以扣除原来投入的资本额及相关转让费用。

（三）资源税

资源税是指企业或个人在越南开采自然资源（如石油、天然气、矿产、森林产品、天然渔业、天然水等）所应缴纳的税种。其中天然水用于农业、林业、渔业和海水冷却器，如果满足规定条件，可免征资源税。对于不同类型的自然资源，适用从 1%～40% 的不同税率。

（四）环境保护税

环境保护税适用于某些被认为对环境有害的货物生产和进口，此类税负最主要的征收对象是石油和煤炭。税率见表 3-4。

表 3-4　环境保护税适用类型及税率

编号	货物	单位	税率 / 越南盾
1	汽油、柴油、油脂等	升 / 公斤	1000 ～ 4000
2	煤炭	吨	15000 ～ 30000
3	氢氯氟碳化物	公斤	5000
4	塑胶袋	公斤	50000
5	限用化学品	公斤	500 ～ 1000

注："税率 / 越南盾"表示每单位货物应缴纳的税额区间。

（五）特别销售税

特别销售税（SST）是一种消费税形式，适用于某些货物的生产或进口，以及某些服务的提供。进口货物（除了各类汽油）需要在进口和销售环节缴纳 SST。如果纳税人在进口和销售环节缴纳 SST，则在销售阶段缴纳的 SST 中扣除相应的进口环节缴纳的 SST。

特别销售税法将 SST 应税对象划分为两大类。

1. 商品：香烟、烈酒、啤酒、24 座以下的汽车、摩托车、飞机、船舶、汽油、9 万 BTU 以下的空调、扑克牌、纸类祭祀用品。

2. 服务活动：迪斯科舞厅、按摩、卡拉 OK、娱乐场所、赌场、彩券、高尔夫俱乐部和赌博性质的娱乐活动。税率见表 3-5。

表 3-5　特别销售税应税对象的税率划分

产品 / 服务	税率
雪茄或香烟	75%
酒精度 ≥ 20° 的烈酒或葡萄酒	65%
酒精度 < 20° 的烈酒或葡萄酒	35%
啤酒	65%
24 座以下的汽车	10%～150%
气缸容量超过 125 立方厘米的摩托车	20%
飞机	30%
船舶	30%
汽油	7%～10%
空调（不超过 9 万 BTU）	10%
扑克牌	40%
纸类祭祀用品	70%
迪斯科舞厅	40%
按摩、卡拉 OK	30%
娱乐场所、游戏机	35%
赌博性质的娱乐活动	30%
高尔夫俱乐部	20%
彩券	15%

（六）不动产税

外国投资者一般需要支付土地使用权的租赁费。房屋与住所拥有者须缴纳非农用地使用税法项下的土地税。此税种基于规定的每平方米价格和递增税率（范围为 0.03%～0.15%），按照具体使用面积来征收。

（七）反倾销税、反补贴税、保障税

反倾销税是指对越南的倾销进口产品征收的额外进口税，这些进口产品对国内制造业造成较大损害，威胁或阻碍国内制造业的形成。反补贴税是指对进口到越南的补贴商品征收的额外进口税，对国内制造业造成较大损害，威胁或阻碍国内制造业的形成。保障税是指在进口到越南的商品数量超过可接受水平，从而对国内制造业造成较大损害或造成较大损害威胁或阻碍国内制造业形成的情况下征收的额外进口税。

这三类税都是在经过主管部门调查并符合法律规定的调查结论后，由越南工业和贸易部决定征收实施。

（八）其他非税规费

税务机关征收的其他国家预算收费包括：

1. 收费法规定的费用和收费。

2. 列入国家预算的土地使用费。

3. 土地租金和水面租金。

4. 授予采矿权的费用。

5. 授予水资源开采权的费用。

6. 根据越南公共财产管理和使用法的规定，从出售土地财产、转让土地使用权中支付国家预算金额。

7. 根据税收和海关领域行政违法行为处罚法对行政违法行为

进行处罚所得。

8.法律规定的滞纳金和其他收入。

小结：

在越南营商时，除了熟知上述税率，还要咨询律师和会计师的意见，如果有新的税项出现，或者税法有什么改变，也可以及时知道。

第四部分

居留越南的资格和要求

一、怎样才可以取得移民越南的资格？

无论在越南投资还是工作，都需要知道如何在越南长期居留及合法地工作，并且不用每次到越南都要申请签证。申请签证既需要时间又要花钱。如果取得越南长期居留的资格，则既方便工作，又省时省钱。

根据《越南外国人入境、出境、过境、居留法》、越南国籍法及越南政府的相关规定，外国人、无国籍人移民常住越南或加入越南国籍，需要依次办理下列手续：（1）办理签证，这是入境且在越南居留的条件；（2）办理临时居留卡，以获得较长时间在越南合法居留的资格；（3）办理常住居留卡，以获得在越南的常住居留权；（4）申请加入越南国籍。但并非持各类签证都可以在越南长期居留，只有办理了特定类型的签证、临时居留卡、常住居留卡或入籍越南，才能实现移民并长时间居留在越南。根据外国人、无国籍人能在越南长时间居留的条件，可将移民越南的主要途径归纳为以下几类。

（一）投资移民

投资签证是向在越南投资设立企业或向越南企业注资的外国投资者或外国组织代表签发的签证。投资签证是外国人申请越南投资临时居留卡的条件，有效期最长为5年。越南投资签证代码为DT。

1. 投资签证类型。

（1）DT1：期限不超过5年。签发给在越南投资额在1000亿越南盾以上或投资在政府决定鼓励投资和发展的行业和领域的外国投资者及其投资机构代表。

（2）DT2：期限不超过5年。签发给在越南投资额为500亿~1000亿越南盾或投资在政府决定鼓励投资和发展的行业和领域的外国投资者及其投资机构代表。

（3）DT3：期限不超过3年。签发给在越南投资额为30亿~500亿越南盾的外国投资者及其投资机构代表。

（4）DT4：有效期不超过12个月。签发给在越南投资额不超过30亿越南盾的外国投资者及其投资机构代表。

2. 外国人申请投资签证的条件。

（1）外国投资者须持有效护照。

（2）外国投资者在越南的机构或组织提供担保的证件。

（3）拥有在越南投资的证件，包括企业执照、投资执照、企业出资、股份证明，或者根据越南企业法和投资法的规定，证明外国人是投资者的相关文件。

3. 越南投资签证的优惠待遇。获得越南投资签证的外国投资者将享受以下具体优惠待遇：

（1）根据投资签证的有效期在越南长期居留。

（2）签证到期后继续在投资签证类别下延期。

（3）获得有效期长达10年的临时投资居留卡（适用于DT1投资签证）、获得有效期长达5年的临时投资居留卡（适用于DT2投资签证），以及获得有效期长达3年的临时投资居留卡（适用于DT3投资签证）。

（4）担保该投资者的妻子、孩子申请越南访问签证（适用于DT1、DT2 和 DT3 投资签证）。

（二）劳务移民

劳务签证是签发给在越南公司担保下在越南合法工作的外国人的签证，签证代码为 LD。

1. 劳务签证的类型。LD 签证有两种类型：LD1 签证和 LD2 签证。

（1）LD1 签证：签发给在越南工作的外国人，并确认他们不受工作许可证的限制，除非越南加入的国际条约另有规定。

（2）LD2 签证：签发给在越南工作并需要工作许可证的外国人的签证类型。

2. 外国人在越南申请工作签证的条件。

（1）持有有效的国际旅行护照和文件。

（2）受到在越南工作的机构、组织和个人的邀请和保证。

（3）不属于《越南外国人入境、出境、过境、居留法》第21条明确规定的不允许入境的情况。

邀请或担保外国人工作的机构和组织必须确保企业的设立符合越南法律，邀请或担保外国人的机关、组织必须符合越南法律规定的职能、任务和权限。

有效期超过 1 年的工作签证，有资格获得越南临时居留证。

（三）越南家庭团聚移民

外国人在越南有越南籍的父亲、母亲、妻子、丈夫、子女的可以申请探亲签证，签证代码为 TT。外国人要申请 TT 签证，需要其越南籍父亲、母亲、妻子、丈夫、子女为其担保签证申请。根据《越南外国人入境、出境、过境、居留法》规定，探亲签证的期限一般为 3 ～ 12 个月。

如果该外国人要在越南长期居留或工作，其越南籍父亲、母亲、妻子、丈夫、子女可以担保其申请探亲临时居留卡，期限最长为 3 年，或申请 5 年免签证。

申请探亲签证需要向越南驻外使领馆提交申请材料，材料包括结婚证明、亲属关系证明、个人简历等。在审核通过后，再在越南境内办理探亲签证的其他申请手续。探亲签证可以转为常住居留资格。

（四）留学移民

越南的留学移民通道主要是通过留学签证实现的，留学签证代码为 DH，由越南主管机构签发。DH 签证适用于进入越南以在全国各地的学院和大学学习或实习为目的的外国人。

留学签证的最长期限为 12 个月，护照或国际旅行证件的有效期至少比签证期限多 30 天。对于持有 DH 签证进入越南的外国人，可以获得 DH 临时居留卡。DH 临时居留卡的有效期不超过 5 年。

外国人申请越南留学签证的条件：持有护照或有效的国际旅行证件；有在越南机构、组织和个人的邀请或担保；不包括不允许入境的情况；留学的外国人必须获得越南学校或教育机构的书面录取通知书。

申请留学签证需要向越南驻外使领馆提交申请材料，材料包括学习计划、学校录取通知书、资金证明等。在审核通过后，可以在越南境内办理签证申请。留学签证可以转为常住居留资格。

二、临时居留卡有何作用？如何申请办理临时居留卡？

（一）临时居留卡的作用

外国人申请办理临时居留卡后，可以在越南长期居留而无须更新签证，也可以在临时居留卡有效期内多次出入境越南而无须办理签证。此外，在越南持有临时居留卡的外国人还享有许多其他权利，包括在越南办理经商、结婚手续；担保祖父母、父亲、母亲、妻子、丈夫和孩子到越南旅游；当临时居留卡仍然有效且邀请或担保人的机构或组织同意时，可以担保其配偶和 18 岁以下的子女来越南一起居住。

（二）临时居留卡的类型

越南临时居留卡针对不同对象，其代码和居留期限不同，具体见表 4-1。

表 4-1　越南临时居留卡类型

序号	对象	代码	居留期限
1	驻越南外交使团、领事机构、联合国国际组织代表处、政府间组织驻越南人员及其配偶、18 岁以下子女、随行女佣	NG3	最长 5 年
2	与在越南共产党中央委员会、机关、直属单位，越南国会、政府、越南祖国阵线中央委员会、最高人民法院、最高人民检察院、审计署、各部委、部级机关、政府直属机构，越南省委、市委、人民议会、省、直辖市人民委员会工作的外国人	LV1	最长 5 年
3	与在越南社会政治组织、社会团体、工商会工作的外国人	LV2	5 年
4	在越南执业的外国律师	LS	5 年

续表

序号	对象	代码	居留期限
5	在越南的外国投资者和在越南投资的外国组织的代表，其出资额为 1000 亿越南盾或以上，或投资于政府确定的投资优惠产业、职业或投资优惠领域	DT1	10 年
6	在越南投资的外国投资者和在越南投资的外国组织的代表，其出资额在 500 亿～1000 亿越南盾，或投资于政府决定鼓励投资和发展的行业和专业	DT2	5 年
7	在越南的外国投资者和在越南投资的外国组织的代表，其出资额在 30 亿～500 亿越南盾	DT3	3 年
8	担任国际组织或外国非政府组织驻越南代表处负责人的外国人	NN1	3 年
9	在越南担任代表处、外国商人分支机构、经济、文化组织代表处和其他外国专业组织的代表的外国人	NN2	3 年
10	在越南实习或学习的外国人	DH	5 年
11	常住在越南的外国记者	PV1	2 年
12	经确认在越南工作无需获得工作许可证的外国人，除非越南加入的国际条约有不同规定	LD1	2 年
13	在越南工作的外国人需持有工作许可证	LD2	2 年
14	外国人是越南人的配偶、未满 18 岁的外国人签证符号为 LV1、LV2、LS、DT1、DT2、DT3、NN1、NN2、DH、PV1、LD1、LD2 或越南人的父母、子女	TT	3 年

（三）申请临时居留卡的要求和条件

外国人属于上述各临时居留卡类型中的对象且必须在越南临时居留 1 年或以上，其护照的有效期至少为 13 个月的，可以申请临时居留卡。

但以下人员没有资格获得越南临时居留卡：被追究刑事责任或者成为民事、经济、劳动争议被告的；须执行刑事判决义务的；须执行民事和经济判决义务的；须执行行政违法行为的处罚决定、缴纳税款和其他财务义务的。

（四）申请越南临时居留证卡所需材料

1. 担保人出具外国人临时居留证卡的申请书（机构、组织为NA6 表；个人为 NA7 表）。

2. 临时居留卡信息表，附个人照片 3 厘米 × 4 厘米（NA8 表）。

3. 护照复印件和有效签证（须带原件比对）。

4. 两张 3 厘米 × 4 厘米的个人照片（一张附在信息表上，一张单独保存）。

5. 视情况须具备以下条件之一。

（1）提供担保的机构、组织或企业法人实体商业登记证复印件。

（2）工作许可证或工作许可证豁免证明。

（3）如果在没有工作许可的情况下在越南申请临时居留卡，则须提供以下证明之一：投资证明；设立代表处、公司分支机构的许可证；董事会成员证书；出生证、结婚证、户籍（为越南人的外国丈夫、妻子、孩子申请）。

6. 加盖公安局印章的暂住地申报证明或当地暂住证明。

申请人准备好以上材料后，向越南公安机关的出入境管理部门申请办理临时居留卡。

三、怎样才可以取得越南常住居民资格？

若想在越南长期居留、生活且申请加入越南国籍，则需要申办常住居留卡。持常住居留卡的外国人出入境越南可免签证。

（一）越南常住居留卡的申请对象和条件

1. 可申请越南常住居留卡的对象。

（1）为建设和保护越南国家事业做出贡献，由越南政府授予奖章或国家荣誉称号的外国人。

（2）临时居住在越南的外国科学家、专家。

（3）在越南常住的越南父母、配偶、子女为其提供担保的外国人。

（4）2000年以前在越南连续临时居住的无国籍人员。

2. 核准办理越南常住居留卡的条件。

（1）属于上述对象的外国人具有合法居住地和稳定收入以确保其在越南生活的，可考虑核准办理常住居留卡。

（2）属于上述第二类对象，即临时居住在越南的外国科学家或专家的，须获得部长、部级机构负责人或管理该人专业领域的政府所属机构首长推荐。

（3）属于上述第三类对象，即由在越南常住的越南父母、配偶、子女担保的外国人，须在越南连续临时居住3年以上。

（二）申请办理越南常住居留卡的手续

1. 需要准备的申请材料。

（1）常住人口申请单。

（2）申请人所属国主管当局出具的司法履历表。

（3）申请人所属国驻越南使馆领馆建议越南授予常住居留权的公函。

（4）经认证的护照复印件。

（5）符合上述核准办理越南常住居留卡条件的证明文件。

（6）对于第三类对象，须有在越南常住的越南父母、配偶、子女为其提供的担保函。

2.申办流程。申请人准备好上述申请材料后，到越南公安部出入境管理机关提交申请；越南公安部出入境管理机关工作人员收到资料时检查文件的合法性和内容，如果资料完整且有效，则为提交者开具收据；如果资料不完整或无效，接收资料的工作人员对申请常住居留的外国人进行指导和解释，以补充资料。

自收到完整文件之日起4个月内，越南公安部部长考虑核准常住居留；核实及确认有需要的，可以延长，但不得超过2个月。

越南公安部出入境管理机关有责任将核准结果书面通知申请人及申请人拟常住居留的省、直辖市公安局。申请人拟常住居留的省、直辖市公安局自收到出入境管理机关通知之日起5个工作日内，应通知该外国人办理常住居留。

该外国人必须在收到常住居留通知后3个月内，到申请常住居留的省或直辖市公安机关出入境管理机构领取常住居留卡。

四、如何获得越南国籍？

（一）加入越南国籍的条件

2014年越南国籍法规定，在越南居住的外国人和无国籍人申请越南国籍，须符合下列条件：

1.根据越南法律具有完全民事行为能力；

2.遵守宪法和越南法律，尊重越南人民的传统、习俗和风俗；

3.充分掌握越南语，以便更好地融入越南社会；

4.已在越南常住五年或以上；

5.在越南有生活保障能力。

但申请加入越南国籍的人如属下列情况之一，无须具备上述3、4、5项条件：

1. 越南公民的妻子、丈夫、生父、生母或子女；

2. 为越南的建设和保卫国家事业做出特别贡献；

3. 有利于越南社会主义共和国。

此外，申请越南国籍的人必须有越南名字，这个名字是由申请加入越南国籍的人自行选择，并在加入越南国籍的决定中注明。取得越南国籍的人必须放弃外国国籍，获得越南国家主席许可的特殊情况除外。如果加入越南国籍事项损害了越南的国家利益，则申请人不得加入越南国籍。

越南政府于2020年颁布的《越南国籍法实施细则》（16/2020/ND–CP号）对上述条件作了更为具体的解释：充分掌握越南语，即要求申请者的越南语听、说、读、写能力符合其生活与工作环境；常住越南五年是从申请人获得越南公安部门发放的常住居留卡之日起开始计算；在越南有生活保障能力则要求有申请人的收入来源证明及财产权利证明或有越南组织和个人的担保等。此外，《越南国籍法实施细则》还具体解释了"为越南的建设和保卫国家事业做出特别贡献"及"有利于越南社会主义共和国"的条件。

（二）申请加入越南国籍的手续

1. 申请越南国籍所需准备的材料。

（1）越南国籍申请书。

（2）出生证明、护照或其他文件的副本。

（3）简历陈述。

（4）司法履历表。申请人在越南居住的，由越南主管机关签发居住期间的司法履历表；申请人在国外居住的，由外国主管机关签发居住期间的司法履历表。司法履历表必须是在申请之日前90 天内签发的。

（5）证明自己越南语水平的文件。

（6）居住地点和在越南常住的证明文件。

（7）在越南生活保障的文件。

属于法律规定放宽条件限制的越南国籍申请人，可豁免提供相应条件的材料。

2. 申办流程。申请越南国籍的人向居留地的司法厅提出申请。如果该申请材料不完整或不具有法律效力，司法厅应立即通知申请人补充材料。

自收到完整且有效的申请材料之日起 5 个工作日内，司法厅向省级公安机关提出书面建议，要求核实申请人的身份。

在收到司法厅建议之日起 30 日内，省公安机关负责核实并将结果送交司法厅。与此同时，司法厅必须对越南国籍申请材料中的文件进行审查。

自收到核实结果之日起的 10 个工作日内，司法厅负责整理完整材料呈交省级人民委员会主席。

自收到司法厅的提议材料之日起的 10 个工作日内，省级人民委员会主席负责审议、作出结论和建议呈交给越南司法部。

在收到省级人民委员会主席的建议之日起的 20 日内，越南司法部负责重新审查材料。如果发现符合加入越南国籍的条件，则以书面形式通知申请越南国籍的人办理放弃外国国籍的手续（获许可保留外国国籍或无国籍的人除外）。自收到申请人放弃外国国籍的文件之日起 10 个工作日内，越南司法部部长报总理呈交国家主席审查和决定。

　　在收到总理的建议之日起的 30 日内，越南国家主席作出审查决定。

五、外国人在越南工作需要申请什么签证？怎样才能取得这样的签证？

　　外国人在越南工作须办理工作签证，也称为劳务签证。持有该签证的外国人可以在越南合法地工作。签证代码为 LD，包括 LD1 签证和 LD2 签证两种类型（前文已有介绍）。越南工作签证有效期最长为 2 年，可以延期。但如果工作许可证有效期不足 1 年，则相应工作签证的有效期与工作许可证的有效期相同。

　　（一）申请越南工作签证的条件

　　前文已经介绍了申请劳务签证的一般条件，除此之外，还有以下具体要求：

　　（1）申请人已满 18 岁；

　　（2）申请人拟在越南的用人单位担任管理或行政职位，或者是一名拥有必要的技术技能和知识的专家；

　　（3）申请人身体健康；

　　（4）申请人的司法履历中无犯罪记录；

　　（5）申请人具备填补这一职位所需的学历和工作资格；

　　（6）申请人至少有 3 年行政级别或更高级别的工作经验；

　　（7）申请人与越南的用人单位签有一份工作合同；

　　（8）用人单位可以证明其在报纸或网站向越南公民发布了招聘广告，但无法在越南公民中招聘到这个职位的适配人员。

（二）申请办理越南工作签证流程

第一步：由越南用人单位为拟聘用的外籍员工向越南劳动荣军与社会部办理工作许可证。越南工作许可证是申请越南临时居留证或工作签证的重要文件。在越南工作没有办理工作许可证，则可能会被罚款、驱逐出境或被列为入境黑名单。工作许可证的申办流程在下文中将详细介绍。

第二步：由越南用人单位为拟聘用的外籍员工向越南公安部出入境管理局或所在省、直辖市出入境管理部门提出工作签证申请。越南用人单位作为担保人，并应提交以下文件：

（1）为外籍员工申请签证、签证延期、延期逗留的申请表（表格 NA5）；

（2）外籍员工所在公司或办事处的营业执照（可以是商业登记证，也可以是投资分支机构或代表处的执照或营业执照）；

（3）单位印章样本证明书或公司印章使用声明；

（4）在越南经营的企业法定代表人印章和签名登记表（表格 NA16）；

（5）外籍员工一张 3 厘米 ×4 厘米的个人照片；

（6）工作许可或工作许可豁免证明；

（7）外籍有效护照复印件。

第三步：越南公安部出入境管理部门对申请材料审核合格后，签发工作签证。

第四步：越南用人单位代表在指定日期前往越南公安部出入境管理局或所在省、直辖市出入境管理部门领取签证函。

第五步：越南用人单位收到签证函后，应通过电子邮件、传真或快递等方式通知外籍人员，以便其办理签证手续。

第六步：外籍人员接到签证函后，到其所在国的越南大使馆或领事馆办公室提交附有 3 厘米 × 4 厘米个人照片的越南签证申请表（表格 NA1）、有效护照原件、签证函复印件，并向大使馆或领事馆支付签证费，以获得在护照上盖章的工作签证。

（三）越南工作许可证

越南工作许可证是劳动荣军与社会部颁发的官方证件，允许其持有人在越南合法工作。它不能由外籍员工直接申请，而是由其所在的用人单位帮助申请。

1. 越南工作许可证的条件要求。要在越南获得工作许可，申请人必须满足以下条件：年满 18 岁以上；拥有满足工作特定的要求以及良好的健康状况；要有其在本国没有任何犯罪记录或危害国家安全行为，以及其申请时没有面临刑事起诉的司法履历或相关证明文件。

以外国专家的身份申请工作许可证的，须拥有本科或更高学历，并持有在与外籍员工拟在越南工作的职位相关领域受过培训的至少 3 年工作经验证书。

以技术工人的身份申请工作许可证的，在技术或其他领域接受过至少 1 年的培训并在该领域工作至少 3 年，或拥有至少 5 年工作经验的证书；外籍员工拟工作的公司在其商业登记证上有合适的业务范围，且该员工适合在越南拟工作的职位。

以董事、总经理、经理等高管身份申请工作许可证的，须有任命的决定，以及拥有至少 3 年相关职位工作经验的证书。

2. 申请越南工作许可证的步骤与程序。根据越南劳动荣军与社会部第 23/2017/TT–BLDTBXH 号通知书的规定申请外籍劳工工作许可证。外籍劳工在越南获得工作许可证的程序和材料要求如下。

第一步：用人单位申请使用外籍劳工批复。

用人单位应在外籍劳工预计入职前至少30日，向劳动荣军与社会部或外国人预计工作的省的人民委员会直接递交或者在线提出使用外籍劳工申请。

用人单位需要准备以下文件：使用外籍劳工需求登记表（政府第152/2020/ND-CP号法令下的01/PLI表格或使用外籍劳工需求变化时的02/PLI表格）；经核对的商业登记证副本；如果提交人不是公司的法定代表人，则需提供授权书。

申请使用外籍劳工的批复处理时间，直接提交为15个工作日，在线提交的为12个工作日。

第二步：准备并提交申请工作许可证的材料。

用人单位获得使用外籍劳工的批复后，需要准备以下材料为外籍劳工申请工作许可证：

（1）越南工作许可证申请表（11/PLI表格）；

（2）上述第一步申请使用外籍劳工的批复函；

（3）最近12个月内签发的在越南出具的健康检查证明原件，或在国外出具的合法健康检查证明并附有经认证的越南语翻译；

（4）最近6个月内越南公安部门出具的无违法犯罪证明（在越南生活）或国外的警察部门出具的无违法犯罪证明（在国外生活）附有经认证的越南语翻译；

（5）有效护照的核证副本；

（6）两张4厘米×6厘米的个人照片；

（7）证明外国人有资格申请职位的合法文件副本，并附上经认证的越南语翻译。

在外籍劳工预计入职的日期前至少 15 日，用人单位应将准备好的上述材料提交给劳动荣军与社会部或拟工作的省、直辖市劳工荣军和社会事务部门。

第三步：获取结果。

用人单位在提交完整有效材料后的 5 个工作日内，可以获得以表格 12/PLI 签发的工作许可证。如果申请被拒绝，用人单位将收到拒绝理由说明。

3. 越南工作许可证的有效期与延期期限。根据越南政府第 152/2020/ND–CP 号法令的规定，工作许可证的有效期为 2 年，并且可以延长一次，延长期限为 2 年。延期的工作许可证到期时，如果用人单位希望继续雇用外籍劳工，则应按照相同的程序申请新的工作许可证。

4. 越南工作许可证被终止。如果出现以下情况之一，工作许可证可能会被终止：

（1）工作许可证过期；

（2）劳动合同终止；

（3）劳动合同的内容与签发的工作许可证不一致；

（4）商业、贸易、金融、银行、保险、科技、文化、体育、教育、医疗等方面的合同已经到期或者终止；

（5）外国雇主宣布终止聘用在越南工作的外国员工；

（6）由国家授权机构签发的工作许可证已被撤销；

（7）公司组织和合作伙伴在越南的运营已终止。

（四）什么人有获得在越南工作许可豁免的资格

1. 外国人有下列情形之一的，可在越南获得工作许可豁免：

（1）出资 30 亿越南盾以上的有限责任公司的外国股东；

（2）出资 30 亿越南盾以上的股份公司外籍董事长或董事会成员；

（3）在越南担任代表处、项目负责人或其他主要负责国际组织或外国非政府组织运作的外籍人员；

（4）入境越南并在该国提供服务停留不足 3 个月的外籍人员；

（5）进入越南并在该国居留不到 3 个月，处理目前在越南无法解决的，对生产经营产生不利影响或可能产生不利影响的复杂技术和工艺问题的外国专家；

（6）根据越南律师法在越南持有专业执业执照的外国律师；

（7）与越南公民结婚并在越南居住的外国人；

（8）在从事越南入世服务承诺中的 11 个服务行业的公司内部调任的外籍员工，具体为商业、通信、建筑、分销、教育、环境、金融、卫生、旅游、文化娱乐和交通；

（9）进入越南提供专业技术咨询服务或执行其他任务的外国员工，根据越南和其他国家之间的官方发展援助国际条约，为官方发展援助资助的计划和项目的研究、建设、评估、管理和执行服务；

（10）外交部颁发的在越南从事通信或新闻工作许可证的外国人；

（11）外国机构或组织委派在外国使馆，根据越南签署或参与的国际协议设立的办事处或组织，或联合国管理的国际学校任教或从事研究的外籍工作人员；

（12）根据越南社会主义共和国参加的国际条约，经外国驻越外交使团或国际组织认证，进入越南从事无报酬工作的外国志愿者；

（13）进入越南担任专家、经理、首席执行官或技术人员职务，时间不超过 30 天，每年最多访问越南 3 次的外国人；

（14）进入越南执行中央或省级机关和组织依法签署国际协议的外国人；

（15）正在海外学校或培训机构学习并同意在越南机构、组织或企业实习的学生，或在越南船舶上进行实习的学生；

（16）根据越南参加的国际条约获准工作的驻越南使馆人员的亲属；

（17）持有官方护照进入越南在国家机关、政治组织或社会政治组织工作的外国人；

（18）负责设立商业存在的外国人；

（19）经教育培训部认证，进入越南从事教学和研究的外国人；

（20）越南加入的国际条约中规定的情形。

2. 在越南获得工作许可豁免证书的步骤和程序。劳动荣军与社会部或省级劳动荣军与社会部门是被授权认证外国人免于工作许可证的机构。外籍员工应在预计入职的日期前至少 30 日准备工作许可豁免证明。

一般情况下，用人单位为外籍员工在越南获得工作许可证豁免证书的程序如下。

第一步：获取聘用外籍员工需求的批准。

该步骤应在外籍员工预计入职的日期前至少 30 日内完成。用人单位应准备并向劳动荣军与社会部或用人单位所在省的人民委员会提交以下材料：

（1）使用外籍劳工需求登记表（越南政府第 152/2020/ND-CP

号法令下的 01/PLI 表格或使用外籍劳工需求变化时的 02/PLI 表格);

（2）经核证的商业登记副本;

（3）如果提交材料者不是用人单位的法定代表人，则需提供授权书。

提交完整及合法有效材料后 10 个工作日内，用人单位将收到表格 No.03/PLI 中批准或不批准的详细原因。

第二步：准备和提交申请工作许可豁免证的材料。

在外籍员工预计开始在用人单位工作的日期前至少 10 日，用人单位应准备并向劳动荣军与社会部或用人单位所在省的人民委员会提交以下材料：

（1）确认外籍雇员有资格获得工作许可豁免的申请表（表格 09/PLI）;

（2）第一步获得的使用外国雇员的需求批准书原件或经核证的副本（如有需要）;

（3）越南健康检查报告原件或核证副本，或在国外签发的经认证翻译的合法健康检查报告;

（4）有效护照的复印件;

（5）工作许可证豁免资格证明（在外国签发的文件应经合法化认证翻译成越南语，并符合越南的规定）。

第三步：获取结果。

在收到完整的有效材料后的 5 个工作日内，劳动荣军与社会部或省级劳动荣军与社会部门应确认工作许可豁免，被拒绝确认的将会说明原因。

上述步骤为一般情形中获得工作许可证豁免证书的程序，但在一些特殊情形中，可免除上述的部分或全部步骤。

可免除第一步获得使用外籍员工需求批准程序的情形：

（1）作为代表处、项目负责人或在越南主要负责国际组织或外国非政府组织运作的外国人；

（2）进入越南并在该国居留不到3个月，处理目前在越南无法解决的，对生产经营产生不利影响或可能产生不利影响的复杂技术和工艺问题的外国专家；

（3）外国人进入越南执行中央或省级机构和组织依法签署的国际协议；

（4）正在海外学校或培训机构学习并同意在越南机构、组织或企业实习的学生，或在越南船舶上进行实习的学生；

（5）持有官方护照并进入越南在国家机构、政治组织或社会政治组织工作的外国人；

（6）负责建立商业存在的外国人。

可免除第二、第三步获得工作许可证豁免证明程序的情形：

（1）根据越南律师法在越南持有专业执业执照的外国律师；

（2）与越南公民结婚并希望在越南居住的外国人。

在这种情况下，用人单位应在外国人预计入职的日期前至少3日，向外国人拟工作所在的省级劳动荣军与社会部门或劳动荣军与社会部报告。

可免除上述全部程序的情形：

（1）出资至少30亿越南盾的有限责任公司的外籍所有者或出资人；

（2）出资至少30亿越南盾的股份公司外籍董事长或董事会成员；

（3）入境越南担任专家、经理、首席执行官或技术人员职位，时间不超过 30 日，每年最多访问越南 3 次的外国人；

（4）根据越南加入的国际条约获准工作的驻越南外交使团成员的亲属；

（5）入境越南提供服务并在该国居留不到 3 个月的外国人。

六、外国人到越南还需要哪些签证？

越南签证按访问目的或有效期可进行不同分类。

（一）按访问目的划分的越南签证类型

根据 2020 年 7 月 1 日生效的《越南外国人入境、出境、过境、居留法》，越南签证按访问目的分为 21 种主要类型，其中主要的签证类型有：旅游签证（DL）、商务签证（DN1、DN2）、留学或实习签证（DH）、投资签证（DT1、DT2、DT3、DT4）、工作签证（LD1—LD2）、外交签证（NG）、电子签证（EV）。其签证类型见表4-2。

表4-2　按访问目的划分的越南签证类型

越南	访问目的	有效期
LV1-LV2	与越南当局或各方合作	最长 12 个月
LS	律师签证	最长 5 年
NN1	越南共产党总书记、越南国家主席、国会主席、总理邀请的代表团成员	最长 12 个月
NN2	越南共产党中央书记处常务委员、越南国家副主席、国会副议长、副总理、越南祖国阵线主席、最高人民法院执行法官、越南人民解放军总检察长邀请的代表团成员最高人民检察院检察长、国家审计长；同级代表团成员、省委书记、省人民议会主席、省人民委员会主席	最长 12 个月

续表

越南	访问目的	有效期
NN3	外交使团、领事机构、联合国附属国际组织代表处、政府间组织代表处及其配偶、18岁以下儿童、在任期间的女佣	最长12个月
NN4	来驻联合国的外交使团、领事馆、国际组织代表处、政府间组织代表处及其随行配偶或18岁以下的子女、外交使团、领事馆、代表处来访人员联合国附属国际组织和政府间组织代表处	最长12个月
HN	聚会或会议	最长3个月
PV1	在越南永久居留的记者	最长12个月
PV2	在越南短期居住的记者	最长12个月
TT	LV1、LV2、LS、DT1、DT2、DT3、NN1、NN2、DH、PV1、LD1—LD2签证持有人的家属，或者是越南公民的父母、配偶、子女的外国人	最长12个月
VR	探亲，其他目的	最长6个月
SQ	在第47/2014/QH13号法律第17条第3款所述的情况下	最长6个月

（二）按有效期和入境越南次数划分的越南签证类型

按有效期和入境越南次数划分的越南签证类型主要包括：1个月单次入境签证、1个月多次入境签证、3个月单次入境签证、3个月多次入境签证、6个月多次入境签证、1年多次入境签证、5年每次6个月居留地签证。

单次入境签证和多次入境签证之间的区别在于签证有效期内入境越南的次数。单次入境签证在签证有效期内可入境越南一次，而多次入境签证在签证有效期内可多次出入境越南。

小结:

到越南居住及工作，有不同形式的方法申请长期居留，但是居留的条件可能因为越南法律或规则修改而有所改变，申请长期居留时，应该先咨询律师。

第五部分

越南参加的国际性贸易组织及条约

一、越南参加了哪些国际性贸易组织？

在越南投资、成立公司或设立工厂，应该知道越南参加了什么国际性贸易组织及条约，因为这样可以根据那些组织及条约取得投资优惠及方便。

越南是 63 个国际组织的成员国，并与世界各地 500 多个非政府组织建立了关系。越南在联合国、东盟等多个国际组织中积极活跃，不断增强其国际地位。越南所加入国际性组织相互交织的关系所取得的成果，创造了其国际经贸关系的灵活流动性，有利于保障其安全和经济发展。以下是越南参加的一些国际贸易组织。

（一）东南亚国家联盟（ASEAN）

东南亚国家联盟（ASEAN）于 1967 年 8 月 8 日根据《曼谷宣言》成立，最初有印度尼西亚、马来西亚、菲律宾、新加坡和泰国 5 个成员国。经过 50 多年的发展，今天的东盟已成为包括东南亚 10 个国家（后加入的 5 个国家为文莱、柬埔寨、老挝、缅甸和越南）在内的政府间区域合作组织，是一个重要的亚太经济实体和世界主要国家和地区不可或缺的伙伴。当前，东盟正进入新的发展阶段，建成了东盟共同体，并在《东南亚国家联盟宪章》的法律基础上开展运作。

东盟共同体的总体目标是把东盟建设成为以《东南亚国家联盟宪章》为法律基础、联系更深入、更具约束力的政府间合作组织；但它不是一个超国家组织，也不是封闭的，而是仍在扩大与外界的合作。东盟共同体将建立在政治安全共同体、经济共同体和社会文化共同体三大支柱的基础上。

1995 年 7 月 28 日，越南正式加入东南亚国家联盟（ASEAN）。自加入以来，作为东盟成员以及承担东盟职责时，越南始终发挥其核心作用，为东盟发展做出引领和贡献。加入东盟进程给越南带来重要而实际的好处，包括为安全与发展创造和平稳定的环境，提高国家地位，支持党和国家外交政策的有效实施。加入东盟也为帮助越南深化地区和国际一体化创造了条件。

在政治和安全方面，加入东盟帮助越南在东南亚国家之间建立面向友好、稳定和长期、全面、密切的多边和双边合作方向的新型关系。

在经济方面，越南对东盟成员国出口市场广阔，有进入更广阔市场的机会。加入东盟经济共同体（AEC）支持越南与世界各国开展广泛、全面的经济合作。越南履行东盟经济共同体承诺，与欧盟（EU）、韩国和欧亚经济联盟（EAEU）签署自由贸易协定（FTA）。新一代自贸协定——《全面与进步跨太平洋伙伴关系协定》（CPTPP）和《区域全面经济伙伴关系协定》（RCEP）已在越南生效。

加入东盟还有助于提高越南对外部投资和商业的吸引力。广泛参与东盟经济一体化有助于越南吸引越来越多来自东盟以外特别是跨国公司的投资和技术资本，同时扩大越南商品和服务的市场。东盟经济共同体成立后，越南获得的好处包括更快的经济增长、吸引更强劲的外国直接投资（FDI）和旅游业、创造更多就业机会、更好的资源配置、提高生产能力并为企业提高竞争力创造机会。越南有机会获得科技支持、学习先进管理经验，为提高员工素质和能力、培养高素质人力资源做出贡献。

（二）亚太经济合作组织（APEC）

拥有 21 个经济体的 APEC 是一个充满活力的经济区域，也是越南在贸易、投资和发展合作方面的重要伙伴。目前，来自 APEC 成员经济体的 FDI 资本占越南 FDI 资本总额的 75％。因此，越南政府主张继续加强和提高与 APEC 成员投资合作关系的有效性。近年来，在落实双边和多边投资承诺的同时，越南宣布并定期更新《APEC 投资自由化和营商便利化国家行动计划》。越南推广该计划将向外国投资者发出积极信号，表明越南政府加快经济改革开放进程、更深层次融入世界经济的决心。

可以说，APEC 的基本政策就是打造合作论坛，促进贸易投资自由化、贸易便利化，为工商界创造良好的营商环境。事实上，越南在 APEC 框架内的协议一直为外国投资者更广泛地进入越南的商品、服务和投资市场创造条件，同时有助于建立有效的法律框架来保护知识产权并大力改善投资和商业环境。越南致力为外国投资者以及该地区内外的所有投资者提供开放、透明、信任和高竞争力的目标。

越南的 IAP 承诺旨在与 APEC 合作框架内的承诺及入世谈判过程中的承诺保持一致。每年该计划的实施情况都会根据 3 个主要内容进行审查：（1）承诺领域的现状变化和管理机制的更新情况；（2）总结越南已实施的短期计划中的承诺以及尚未实施或未按原定计划完成的内容；（3）研究为落实前期承诺提供必要补充，并为未来实现贸易投资自由化便利化目标提供实施方案。

在 IAP 中，越南承诺全面实施 15 个合作领域，特别强调关税、非关税措施、服务、投资、标准等直接影响企业生产经营活动、经济增长和经济竞争力的关键领域合规和海关程序、知识产权保护、政府采购。APEC 帮助越南到 2022 年外国直接投资达到创纪录的 224 亿美元。重要的是，亚太经合组织发挥基础性作用，使越南能够继续成为该地区"中国 +1"战略中最具吸引力的选择之一。

（三）世界贸易组织（WTO）

世界贸易组织作为世界各国和地区的贸易组织，具体有以下 3 个目标：（1）促进世界货物和服务贸易增长，服务稳定、可持续发展和环境保护；（2）根据国际公法的基本原则，促进市场制度的发展，在多边贸易体制框架内解决成员之间的分歧和贸易争端，确保发展中国家特别是最不发达国家和地区根据本国和地区经济发展需要从国际贸易增长中真正受益，鼓励这些国家和地区更加深入地融入世界经济；（3）提高生活水平，为成员单位创造就业机会，并确保权利和最低劳工标准得到尊重。

加入世界贸易组织和融入国际社会给越南最深刻的影响是创新政策思维，完善国家管理标准、企业治理，塑造发展经济贸易机构的法律框架和标准，为发展经济贸易制度奠定坚实的法律基础、桥梁和纽带。为国家按照承诺的多边和双边协议逐步对外开放、扩大商品和服务市场规模、改善国际贸易活动结构、提高效率提供积极动力。

加入世界贸易组织后，越南有机会扩大农产品、水产品、服装鞋类产品、手工艺品、劳动密集型产品等优势产品出口。总体而言，越南的出口不再局限于双边和区域协议，而是面向全球市场。目前，越南出口的一系列重点产品数量不断增加，市场规模不断扩大，如木制品、海鲜、大米等。世界贸易组织的争端解决机制为小成员保护自身利益或拥有更多话语权创造了条件。

加入世界贸易组织有助于使越南的法律政策体系日益完善并更加符合国际惯例。为投资者和商业伙伴创造良好的营商环境，让他们在与越南企业投资和开展业务时更有安全感。从而提高吸引资金、技术、学习管理经验和增加贸易的能力，从而促进企业的出口活动。

（四）亚欧合作会议（ASEM）

1996 年 3 月，在新加坡和法国倡议、东盟积极支持下，亚欧会议正式成立。这是亚欧会议成员国国家元首和政府首脑之间的非正式对话论坛。自 1996 年以来，亚欧会议成员数量从 26 个增加到 45 个。迄今为止，亚欧会议在世界上的作用日益增强，其人口占世界总人口的 58％，贸易额约占世界贸易总额的 60％，GDP 约占全球的 50％。亚欧会议的目标是建立亚欧新型全面伙伴关系以实现更强劲的增长、加深两大洲人民之间的了解并建立平等伙伴之间的密切对话、维护和促进和平与发展、稳定并促进经济和社会可持续发展的必要条件。

越南奉行开放的外交政策，奉行多元化、多边化，积极主动融入国际和地区一体化，是亚欧会议的创始成员之一，始终发挥着在参与国际和地区一体化中的积极作用，全面参与亚欧合作领域政治对话、经济合作及其他合作。除 2000—2004 年成功履行亚欧会议亚洲协调国的职责外，越南的最大贡献是于 2004 年 10 月在河内成功举办第五届亚欧首脑会议。加入亚欧会议为越南继续贯彻多边主义外交政策、推动关系多元化、支持双边关系、推进多边外交创造了更加有利的条件；利用贸易合作、投资、技术转让、人力资源开发、文化交流、培训和教育的可能性，服务国家的发展要求，促进两个地区和世界的和平、稳定、合作与发展，从而有助于提高越南的地位。

二、越南已签署哪些贸易协定？

（一）越南已参加的贸易协定概况

越南已参加的贸易协定见表 5-1。

表 5-1　越南已参加的贸易协定概况

序号	自由贸易协定	当前状态	伙伴
1	东盟自由贸易协定（AFTA）	1993 年起生效	东盟
2	中国－东盟自由贸易协定（CAFTA）	2003 年起生效	东盟、中国
3	东盟－韩国自由贸易协定（AKFTA）	2007 年起生效	东盟、韩国
4	东盟－日本全面经济伙伴关系协定（AJCEP）	2008 年起生效	东盟、日本
5	越南－日本经济伙伴关系协定（VJEPA）	2009 年起生效	越南、日本
6	东盟－印度自由贸易协定（AIFTA）	2010 年起生效	东盟、印度
7	东盟－澳大利亚－新西兰自由贸易协定（AANZFTA）	2010 年起生效	东盟、澳大利亚、新西兰
8	越南－智利自由贸易协定（VCFTA）	2014 年起生效	越南、智利
9	越南－韩国自由贸易协定（VKFTA）	2015 年起生效	越南、韩国
10	越南－欧亚经济联盟自由贸易协定（EAEU）	2016 年起生效	越南、俄罗斯、白俄罗斯、亚美尼亚、哈萨克斯坦、吉尔吉斯斯坦

续表

序号	自由贸易协定	当前状态	伙伴
11	全面与进步跨太平洋伙伴关系协定（CPTPP）	2018 年 12 月 30 日起生效，2019 年 1 月 14 日起在越南生效	越南、加拿大、墨西哥、秘鲁、智利、新西兰、澳大利亚、日本、新加坡、文莱、马来西亚、英国
12	东盟与中国香港自由贸易协定（AHKFTA）	2019 年 6 月 11 日起在中国香港、老挝、缅甸、泰国、新加坡和越南生效	东盟、中国香港
13	越南－欧盟自由贸易协定（EVFTA）	2020 年 8 月 1 日起生效	越南、欧盟
14	越南－英国自由贸易协定（UKVFTA）	2021 年 1 月 1 日起暂时生效，2021 年 5 月 1 日起正式生效	越南、英国
15	东盟与 6 个全面经济伙伴（中国、韩国、日本、印度、澳大利亚和新西兰）自由贸易协定（RCEP）	自 2022 年 1 月 1 日起生效	东盟、中国、韩国、日本、澳大利亚、新西兰
16	越南－以色列自由贸易协定（VIFTA）	2023 年 7 月 25 日正式签约	越南、以色列

除此之外，越南还正在谈判其他一些自由贸易协定。已签署自由贸易协定以及最新的积极谈判，帮助越南改善了与其他国家的经贸关系，为外国投资者与越南之间的投资和商业合作开辟了前景。

1. 自由贸易协定有助于加强越南与其合作伙伴之间的贸易关系，消除贸易壁垒，更深入地参与全球生产和供应链，从而为越南吸引合作伙伴的外国投资者创造更有利的条件。以已签署和正在谈判的自由贸易协定为基础，截至 2020 年，越南与 55 个伙伴建立自由贸易关系，其中多达 15 个伙伴是 G20 成员。

2. 虽然自贸协定中的承诺内容主要与开放货物市场和降低关税有关，但仍然有与开放服务市场和投资直接相关的条款及对外国投资者的投资政策。这一点在 2012 年以来商签的自贸协定中表现得更加明显，特别是越南 - 欧盟自贸协定、CPTPP 等新一代自贸协定。在承诺的投资领域，越南及其自由贸易协定伙伴均确认适用国内外投资者之间的非歧视、不采取影响投资者的某些措施等重要原则。此外，越南正在日益扩大投资领域，允许自由贸易协定伙伴的投资者在越南投资和经商。为合作伙伴更广泛地开放服务和投资市场的承诺，以及保护投资和确保当前和未来投资者权利的承诺，为吸引自贸协定伙伴国家在不久的将来对越南投资创造吸引力。

3. 通过消除关税壁垒和在越南已签署或正在谈判的自由贸易协定中相互给予原产地优惠规则来开放大宗商品市场的承诺，不仅为越南企业打开了新的投资和商业机会，也为外国投资者打开了新的投资和商业机会。有了这些承诺，扩大越南原产商品出口市场的机会正在增加，因此外国投资者都可以利用这一机会，这也是近期越南的出口额中 70% 以上来自 FDI 企业的原因之一。

4. 自贸协定帮助越南有更多吸引外资的机会，最重要的是自贸协定对越南经济制度和营商环境的影响。落实自贸区承诺要求越南政府进一步加强法律体系的审查和完善，制定新的政策和机制，为投资者、国内外企业创造良好的营商和投资环境，从而增强和促进越南吸引外国投资。

（二）与中国投资者密切相关的贸易协定

1. 中国 - 东盟自由贸易协定（CAFTA）。在中国 - 东盟自由贸易区（CAFTA）框架内，中国与东盟之间签署了很多协议，其中执行得最有效的"自由"贸易部分是货物贸易协议（TIG）。本协议（包括修订议定书）最基本的内容是承诺取消关税和原产地规则享受优惠待遇。此外，该协议还包括与货物待遇原则、多项非关税措施、例外情况、承认中国市场经济、海关和贸易便利化等相关的其他承诺。

（1）关于关税。中方承诺以下降税路线：2011年起取消95%税目关税。大多数剩余关税细目承诺从2018年起削减5%～50%。部分产品仍维持高税率但未承诺减税，如谷物及谷物制品、咖啡、茶叶、香料、汽油、各类化肥、塑料原料、服装面料、纺织服装材料、家具、皮革鞋类、发动机等机械和设备，以及汽车、发动机、汽车零配件等。

越南在中国－东盟自由贸易区（CAFTA）框架内的减税承诺内容以2002年11月4日在东盟与中国峰会领导人批准的《中国与东盟全面经济合作框架协议》、2004年11月29日在老挝签署的《中国－东盟货物贸易协定》、2005年7月18日在中国签署的《越南与中国谅解备忘录》为准。据此，越南在CAFTA的关税减免自由化分为早期收获、正常和敏感三类商品。2018年1月1日起取消90%税目关税。到2020年路线图结束时，约475个税目承诺从5%削减至50%。约456个税目仍维持高水平，未承诺削减，如禽蛋、糖、烟草、发动机、运输工具（汽车、摩托车除6～10吨卡车外）、汽油和石油、钢铁、建筑物资，以及涉及国家安全和国防的物品等。

（2）关于对原产地规则和程序的承诺。如果货物是净原产地或完全在CAFTA区内生产，或者货物符合以下两种情况之一，则货物被视为 CAFTA 原产地：一是符合一般原产地标准的货物，即区域价值含量（RVC）至少为 40％；二是具有特定产品原产地规则的货物，即有些货物不适用一般原产地标准，但有适用于特定产品原产地规则清单中指定的货物的特定规则。

CAFTA 原产地证书为 C/O 表。东盟和中国目前仍签发 100％纸质 C/O 表。存在错误的 C/O 可以直接在 C/O 表上纠正，无需重新签发新的 C/O。C/O 可以在货物出口之前、其间或之后（不超过 1 年）签发。CAFTA 没有关于原产地自我声明的规定。越南对中国货物适用的 CAFTA 优惠进口税目前由 2017 年 12 月 27 日第 153/2017/ND–CP 法令规定，该法令颁布了越南特别优惠进口关税表于 2018—2022 年期间的 CAFTA 协议执行。

越南工贸部于 2010 年 11 月 15 日发布关于原产地规则和程序的第 36/2010/TT–BCT 号通知，关于 CAFTA 协定项下货物原产地证明的规定，以及 2014 年 6 月 25 日与第 36/2014/TT–BCT 号通知一起发布的关于修订和补充产品特定规则的第 21/2014/TT–BCT 号通知，对 CAFTA 项下货物原产地规则和原产地证明流程进行了规定。

2. 东盟与六个国家（中国、韩国、日本、印度、澳大利亚和新西兰）的自由贸易协定（RCEP）。

（1）减税原则。RCEP 仅承诺减少和取消进口税。RCEP 进口减税规定如下。

完全符合 RCEP 原产地要求的货物将根据进口国在协定中的承诺享受优惠关税。

如果在进口时，货物适用的最惠国税率（世贸组织税率）低于 RCEP 中的优惠税率，进口商有权要求适用最惠国税率。如果货物已被征收较高税率，根据进口国的规定，进口商可以要求退还因缴纳较高税率而产生的税差。

RCEP 中每个成员国的关税承诺均按每年的每个关税细目进行详细说明，而不是像其他一些自由贸易协定那样使用符号。因此，企业进口货物到越南时，只需确定货物从哪个 RCEP 成员国进口，即可找到该成员国适用的越南 RCEP 优惠关税进行税务查询，优惠进口关税适用于从该国进口到越南的货物。相反，如果从越南出口到 RCEP 市场，企业需要确定出口国以及该国对包括越南在内的 RCEP 成员的货物适用的 RCEP 优惠关税表（如果该国不适用关税差异并使用共同关税），或针对越南的优惠关税表（如果该国家适用关税差异，并且针对东盟国家有单独的关税表）。

不过，查阅协定中的关税表对于了解各国的关税承诺仅具有参考价值。这些是最低承诺，意味着各国必须至少在承诺的水平上向其他成员提供优惠关税。事实上，与承诺相比，各国可以根据国内需求更多地减税或加快路线图的制定。因此，要了解成员国对某种商品实际适用的最准确的 RCEP 优惠税率，有必要查阅该国国内相关法律文件。例如，对于越南，每项协议都会有一份法律文件（通常是法令），规定该协议下适用于一定时期的优惠关税表。

对于越南来说，RCEP 成员国已承诺，协议生效后，越南出口货物将取消关税减让表中关税细目 30%～100% 范围内的关税，以及承诺取消的税率路线图，最后的关税将从 82.7% 降至 100%。大多数国家的关税取消路线图最长为 20 年，新加坡立即取消 100% 关税，新西兰在 15 年内取消关税，日本最长为 21 年。

享受 RCEP 优惠关税，货物必须符合原产地规则。每个 FTA

都有不同的原产地规则，RCEP的原产地规则允许在整个RCEP地区（全部15个成员国）积累原材料。因此，越南产品将更有利于满足原产地要求，享受RCEP关税优惠。

在RCEP中，越南对不同成员国的优惠关税税率有不同的承诺。具体而言，越南在东盟、澳大利亚、韩国、新西兰、日本和中国的6个单独关税表中承诺向RCEP成员国提供优惠关税，相应地，RCEP生效后，越南对这些成员国的关税取消率相同，为65.3%，而路线图结束时的关税取消率在85.6%～90.3%之间。其余取决于成员国，越南较长的关税取消路线图为20年（东盟和中国）、16年（日本）和15年（澳大利亚、韩国和新西兰）。

（2）原产地规则。与关税承诺表（每个国家都有自己的承诺表）不同，RCEP中产品的原产地规则和特定原产地规则表通常受到监管并统一适用于所有成员国。但RCEP成员国之间申请原产地证书的程序可能有所不同，只是一般原则相似。

要享受RCEP关税优惠，企业的货物必须完全符合协议的原产地规则，并且制造或出口企业必须拥有有效的原产地证书。满足这个QTXX需要从生产的投入阶段就开始做，即货物的原材料也需要有相应的原产地证书，以便后期证明成品符合要求。因此，企业在享受本协定下的优惠关税时，需要仔细研究清关规定和RCEP原产地程序，做好适当的准备。

（3）累计原产地规则。目前，RCEP中的累积规则与大多数东盟＋自贸协定的监管方式类似，即适用于生产材料的累积规则。因此，来自一个成员国的材料在参与另一成员国的商品生产时将被视为原产材料。

未来RCEP的累积规则可能会进一步扩大范围。具体来说，根据 RCEP，成员国在协定生效后将重新审视累积规则的承诺，目标是考虑将累积规则的适用范围不仅扩大到原材料，还扩大到生产阶段（按生产阶段累计），并增加在协议成员国创造的商品的任何附加值（全部累计）。

由于 RCEP 伙伴承诺的优惠关税几乎不高于越南目前从与这些伙伴的现有自由贸易协定中享受的优惠税率，RCEP 的累积原产地规则是 RCEP 与东盟＋自由贸易协定相比的最大好处之一。因为它允许扩大原产材料的范围，以生产享受 RCEP 所有成员国关税优惠的商品。例如，许多越南产品使用的原材料主要来自中国，但在东盟或"东盟＋自由贸易协定（CAFTA 除外）"下出口到中国以外的其他 RCEP 伙伴时，原产于中国的材料在确定原产地时将不包括这些商品在内，因此很难享受这些自由贸易协定下的优惠关税，而在 RCEP 的成员国中则可享受原产地的优惠关税。

但需要注意的是，在确定货物原产地时，并非包括来自 RCEP 成员国的所有材料，而是仅包括符合 RCEP 中货物原产地规则规定的材料，并且有相应的证明书，证明其起源是否符合规定。因此，为了享受 RCEP 的关税优惠，从进口生产原材料的阶段起，企业就需要获得原材料的 RCEP 原产地证书，以便以后在确定原产地时将这些原材料纳入其中。

（4）贸易防御。RCEP 关于贸易防御的承诺有许多被认为对企业有利的新要点：反倾销调查中不采用"归零"法，有利于降低企业既有倾销交易又有非倾销交易的倾销幅度合计，从而起到积极的效果，对被反倾销调查企业更公平、更有利；反倾销和反补贴调查指南有助于使调查过程透明，从而为参与企业带来利益；过渡期内的保障措施可以暂时保护企业免受 RCEP 关税激励措施造成的进口冲击。因此，如果企业遇到相关情况，在 RCEP 框架内进出口时应注意利用这些承诺，保护自己的合法利益。

三、中越两国签署了哪些经贸方面的双边协定？

中越两国签署了 50 多项协定，为两国长期合作奠定了法律基础。自 2002 年 2 月起，中国在越南输往中国市场的出口税率方面给予越南最惠国待遇，为越南企业增加对这一潜在市场的出口创造了有利条件。

在双边投资和贸易合作方面，越南与中国签署了多项规范边境贸易关系的协定，如 1991 年签署的《中越贸易协定》；1992 年签署的《中越关于鼓励和相互保护投资协定》；1996 年签署的《中越关于对所得避免双重征税和防止偷漏税的协定》；1998 年签署的《中越边境贸易协定》；2007 年签署的《中越关于植物保护与植物检疫的合作协定》；2011 年 10 月，两国签署的《中越经贸合作五年发展规划》；2016 年 9 月签署的《中越经贸合作五年发展规划补充和延期协定》，并重签的《中越边境贸易协定》；2017 年 11 月签署的"一带一路"倡议与"两廊一圈"规划发展战略对接协议；2021 年 9 月签署的《关于成立中越贸易畅通工作组的谅解备忘录》等。

2023 年 12 月 12—13 日，国家主席习近平对越南进行国事访问时，两国共同发表《中华人民共和国和越南社会主义共和国关于进一步深化和提升全面战略合作伙伴关系、构建具有战略意义的中越命运共同体的联合声明》。在联合声明中，中越双方同意进一步提高政治互信，加强务实合作，采取有效措施保障服务领域、生产消费领域的货物供应链畅通，维护两国产业链供应链安全、稳定。该联合声明涵盖多个领域，其中在经贸投资合作方面的主要内容如下。

为坚持合作共赢，服务两国发展，促进地区乃至世界经济有序复苏和可持续增长，双方将强化基础设施、产业投资、贸易、农业、金融货币等领域对口合作机制，探讨建立国资国企、交通运输部门合作机制，推动以下重点合作。

1. 共建"一带一路"和"两廊一圈"。双方同意，推动两国发展战略对接，落实好《中华人民共和国政府与越南社会主义共和国政府推进共建"一带一路"倡议和"两廊一圈"框架对接的合作规划》。推动中越跨境标准轨铁路联通，研究推进越南老街—河内—海防标准轨铁路建设，适时开展同登—河内、芒街—下龙—海防标准轨铁路研究。加快推进边境地区基础设施建设对接，包括建设中国坝洒—越南巴刹红河界河公路大桥。鼓励两国企业在公路、桥梁、铁路、绿色电力、通信、物流枢纽等基础设施领域开展合作，继续密切配合推动陆路、航空和铁路运输合作并为此提供便利条件，加强物流合作。

2. 投资。双方同意，办好经贸合作区，重点加强农业、基础设施、能源、数字经济、绿色发展等领域的投资合作。鼓励和支持有实力、有信誉、具备先进技术的企业赴对方国家投资符合各自需求和可持续发展战略的领域，将为此营造公平便利的营商环境。加快落实经济技术合作项目，其中包括传统医学院二分院项目。

3. 贸易。双方同意，按照平衡、可持续方向采取切实举措扩大双边贸易规模。发挥好《区域全面经济伙伴关系协定》（RCEP）、中国东盟自贸区作用，加强在中国国际进口博览会、中国东盟博览会、中国进出口商品交易会等平台的合作，扩大两国优势产品向对方国家出口。双方同意加强标准化领域合作，确保中越两国商品和产品特别是农产品达到协同标准，为两国贸易合作提供便利条件。中方将积极推进越南鲜食椰子、冷冻水果制品、柑橘属水果、鳄梨、番荔枝、莲雾、植物源性中药材、水牛肉、黄牛肉、猪肉及禽畜肉制品等农产品准入程序。越方将积极推进自中国进口各类鲟鱼，加强双方行业组织交流沟通，促进两国相关产业健康发展。

双方同意，采取有效措施保障服务两国和地区生产、消费的货物供应链畅通。提高通关效率，推进中越友谊关—友谊口岸货运专用通道、浦寨—新清货运专用通道智慧口岸试点建设，合理分流各个边境口岸进出口货物，保障重点边境口岸顺畅运行。双方同意将积极发挥贸易畅通工作组作用，持续挖掘双边贸易潜力，推动落实《中国商务部和越南工贸部关于加强供应链保障合作的谅解备忘录》，维护两国产业链供应链安全、稳定。双方同意，发挥电子商务合作工作组作用，推动两国企业界开展电子商务合作。

双方同意，发挥好中越陆地边界联合委员会和边境口岸管理合作委员会机制作用，继续落实好中越陆地边界三个法律文件及相关协议，加强边境地区治安管理，积极推动边境口岸开放、升格。继续有效落实《北仑河口自由航行区航行协定》。探讨开展"经认证的经营者"（AEO）互认合作，加强"单一窗口"交流合作，持续深化缉私执法合作，推动"湄龙"国际联合执法行动取得更多成果。

小结:

在越南设厂或营商,必须知道越南参加了什么国际贸易组织及条约,并且留意这些组织及条约的更新及更改,以保障其在越南的投资利益及争取合情、合法、合理的优惠。当然,最好是向律师咨询有关课题。

第六部分

越南土地及物业买卖

一、在越南购买土地或物业需要注意什么事项?

在越南投资、建厂,可能会因业务需要而购买土地,投资者及其员工在越南工作,也可能因其需要而购买物业。因此,在越南投资或就业,都要对当地的土地及物业买卖法律有基本的认识。

(一)自然人、法人可以拥有土地使用权,但无土地所有权

根据越南宪法和土地法规定,土地属于全民所有,国家代表所有者并统一管理。国家依照土地法的规定将土地使用权授予土地使用者。因此,土地使用者没有土地的所有权,而只有土地的使用权。然而,组织、家庭和个人是越南境内大部分土地面积的使用主体,这些主体被国家赋予"土地使用权"。2015年越南民法典将"土地使用权"定义为土地使用者的财产形式,被称为"地上权",土地使用者有权将其土地使用权转让或者出租。

(二)买方须了解拟购买土地是否属于规划土地

在越南,规划内的土地原则上不得转让,所以买地者应该查明拟购买的土地是否属于任何规划或项目的一部分。须注意的是,如果只看土地使用权红皮书文件或在公证处查询信息,则无法掌握该土地的所有信息。土地转让方或经纪人可能没有提供完整、真实的信息,甚至有时连转让方自己也不确定其土地是否在规划范围内。有效的办法是携带红皮书复印件到房屋或土地所在区人

民委员会一站式部门索取信息。之后，一站式部门将指导并接收您的申请，或者引导您前往负责为您提供规划信息的部门。

（三）卖方转让土地使用权或房屋所有权时须具备的条件

1. 拥有土地使用权或房屋所有权证书。要确定卖方是否有权出售该块土地，就要看其是否为红皮书上的登记者或被授权行使转让权者（此时必须有合法的授权合同）。如果出售的土地或房屋是共同财产，或转让整块土地且多人共有土地使用权的，必须经名册上登记的所有人员同意。

2. 土地或房屋的产权不存在争议。

3. 土地使用权或房屋所有权没有被诉讼查封保全。

4. 在土地使用权或房屋所有权的期限内。

（四）土地使用权转让合同须经公证

根据 2013 年越南土地法规定，土地使用权转让合同必须经过公证或认证。房屋买卖合同也必须经过公证或认证。但是，在买卖国有住房、保障性住房或者安置房的合同中不强制要求公证或者认证，除非当事人需要。

（五）土地与房屋注册制度

根据 2014 年越南房屋法第 9 条规定，组织、家庭户、个人够条件且拥有合法住房的，可由主管国家机关就该住房颁发土地使用权证、住房所有权证或其他与土地相关联的财产权证书（以下简称"权属证"）。颁发房屋权属证的必须是可用的住房。给住房业主颁发房屋权属证的程序与手续，依照有关土地法的规定办理。如果业主对房屋的权属有期限，则颁发给买方的权属证也在该期限内。

主管机关须依法在权属证上注明房屋类型。如果是单元住宅的，必须注明房屋建筑面积及使用面积；如果是按项目建房的，必须注明经主管部门批准的住房建设项目名称。

对按项目投资建设住房以进行租售、出售的，则不向投资者颁发权属证，而是向租买者、购买者颁发住房权属证的，除非该投资主体要求对未租售、未出售的住房颁发权属证。投资者为出租而建房的，则获颁发房屋权属证。

此外，土地使用权的转用、转让、出租、转租、继承、赠予、抵押、以土地使用权出资等行为，必须到土地登记机构办理注册登记。根据越南民法典的规定，土地使用权的转让自依照土地法规定注册登记之时起生效。

二、外国人可以在越南拥有土地吗？

越南法律规定，外国的自然人不得受让土地使用权。如果继承土地使用权、房屋所有权或其他土地附着资产的人是外国人，则不会获得红皮书（即无土地使用权证），但可以将土地使用权转让或捐赠。

外商投资企业可以在越南使用土地，但不能直接拥有土地使用权，必须通过土地租赁方式使用土地。

1. 向越南政府申请租赁土地。

2. 接受越南的经济组织和居住在国外的越南人向其出租或转租土地。

3. 接受外商投资企业向其转租与基础设施相关的土地（商业和服务用地、非农业生产用地）。

4. 通过企业投资资金转让接受土地使用权，是指企业使用的土地来源于国家划拨的土地并收取土地使用费、在整个租赁期内一次性支付租金的土地使用权价值。土地使用权价值已资本化为企业资本。

三、外国人可以在越南购买物业吗?

外国公司、组织和个人可以通过投资住房建设项目，或在商品住房建设投资项目中购买、租购、受赠、继承等方式拥有房产，但属于规定的国防、安全地区和政府另有规定的情形除外。

（一）外国人在越南拥有房屋的条件

1. 对于外国个人，必须持有有效护照并加盖越南出入境管理机构入境验证印章，且根据《外交使团、领事馆和代表特权与豁免条例》的规定，不享有外交特权与豁免。

2. 对于外国组织，必须属于越南住房法第 159 条规定的主体，并具有签署住房交易时有效的投资登记证或越南主管机构允许在越南经营的文件（简称为投资登记证书）。

（二）外国人可以购买的房屋数量

在一栋公寓楼里，外国组织和个人所拥有的单元房屋数量不得超过该公寓楼单元房屋总数的 30％。在一个人口相当于一个坊级行政单位的区域有多栋公寓楼可供出售或租售的，外国组织和个人只能拥有不超过每栋公寓楼 30％ 单元房屋的比例，且不得超过所有这些公寓楼单元房屋总数的 30％。

在人口相当于一个坊级行政单位区域的投资建设商品房项目，其中有独立房屋出售或租售的，外国组织和个人可按以下比例规定拥有独立房屋。

1. 只有一个项目，独立房屋数量在 2500 栋以下的，外国组织和个人只能拥有不超过该项目独立房屋总数的 10％。

2. 只有一个项目，独立房屋数量相当于 2500 栋，外国组织和个人拥有的栋数不得超过 250 栋。

3. 如果有两个或两个以上项目，并且这些项目中的单独房屋总数小于或等于 2500 栋，则外国组织和个人只能拥有不超过每个项目独立房屋数量的 10％。

四、外国人在越南购买房屋有什么程序？

如前文所述，外国公司、组织、个人在越南只能购买商品住房建设投资项目中的房屋，购房具体步骤如下。

（一）买卖双方须准备的材料

1. 项目投资者应具备的文件。

（1）商业登记证，包括房地产业务的执照；

（2）投资许可证、投资政策审批文件；

（3）项目实施范围内的全部土地使用权证书；

（4）相关投资者完成纳税义务和财务义务的文件；

（5）施工许可证和与施工有关的其他许可证；

（6）已经主管部门批准的项目文件和施工图设计文件；

（7）已完成的地基、担保合同、国家主管机构许可出售或租售期房或现房文件。

2. 购房的外国人须准备的文件。

（1）持有越南出入境管理部门加盖入境验证印章的有效护照；

（2）进入越南的有效签证，并必须确保签订销售合同的时间必须在签证有效期内，或有越南配偶和子女的外国人或居住在国外的越南人的免签证证明；

（3）房屋所有权证申请书；

（4）证明有资格在越南购买和拥有住房的文件副本。

（二）外国人选择住房并缴纳定金

外国人选好公寓或商品房后，可向投资者或通过房屋销售代理商缴纳定金后注册登记购买。投资者收到全额定金（具体定金根据销售政策）后与外国人签订定金协议。

（三）签订销售合同并付款

投资者通知外国人按照定金协议中承诺的时间签署销售合同，约定当事人的权利和义务；外国购房人根据销售合同中规定的时间表将款项存入投资者在越南开设的账户。付款货币为越南货币。

（四）投资者移交房屋并办理外国人的房屋权属证明

竣工后，投资者至少提前 30 天向外国购房人发出按期交付公寓或商品房的通知。投资者负责办理外国购房人房屋权属证明书的申请手续，除非购房人要求自行办理申请证书的程序。

五、在越南购买房屋和土地需要支付什么税费？

根据土地法和税费相关法律规定，房地产购买者在过户办理权属证（红皮书）时，购房方需要缴纳税费、注册登记费、文件审定费和首次颁发红皮书的费用（如有）。卖方将被要求缴纳个人所得税。但实际上，上述费用以及公证费的支付都可由买卖双方协商确定。通常卖方会为买方承担部分或全部费用，以方便尽快履行财务义务。

（一）注册登记费

根据第 10/2022/ND-CP 号规范登记费的法令，买方将需要为房屋（包括房屋、办公室、用于其他用途的房屋）、土地（包括根据 2013 年土地法规定的农业用地和非农业用地，无论土地是否已建设工程项目或尚未建设工程项目）缴纳注册登记费。

注册登记费的缴纳将按照以下两种情况计算。

（1）合同转让价格高于省人民委员会规定的房屋、土地价格时，房地产注册登记费的计算价格为土地使用权转让合同或房屋买卖合同中的价格：

$$注册登记费 = 0.5\% \times 转让价格$$

（2）赠予、继承房产转让价格低于或等于省人民委员会规定的房屋、土地价格时：

$$土地的注册登记费 = 0.5\% \times 面积 \times 地价表中每1平方米的价格$$

$$房屋注册登记费 = 0.5\% \times [面积 \times 1平方米价格 \times 剩余质量百分比（\%）]$$

上述缴纳注册登记费的房屋面积是指单位或者个人合法拥有的房屋的全部建筑面积（含附属工程面积）；1平方米房屋价格为省人民委员会公布的各房屋等级、档次新建建筑1平方米楼层的实际价格；剩余质量率（%）由省人民委员会依据法律规定发布。

（二）个人所得税

根据第92/2015/TT-BYC号文第17条规定，转让房屋、土地时，个人所得税计算：

$$个人所得税 = 2\% \times 转让价格$$

关于转让价格的注意事项：一般情况下，计算个人所得税的转让价格（销售价格）是双方约定并记录在转让合同中的价格。

转让合同未载明转让价格或合同转让价格低于省人民委员会规定的土地价格表中土地价格的，计算个人所得税的转让价格为省人民委员会规定的价格。

买卖共有房屋或土地的，根据房地产所有权比例，分别确定每个纳税人的纳税义务。确定权属比例的依据是法律文件，如初始出资协议、遗嘱或法院判决书等。没有法律文件的，各纳税人的纳税义务按照平均比例确定。

（三）买卖合同公证费

根据第 257/2016/TT–BTC 号通知规定，组织和个人要求对合同、交易、翻译进行公证，出具公证文件副本的，必须缴纳公证费。房屋买卖、土地使用权出让合同公证费用按照房产价值或者合同、交易价值计算。具体适用的公证费标准见表 6–1。

表 6–1 房屋买卖、土地使用权出让合同公证费标准

序号	资产价值或交易价值 / 越南盾	须缴纳的公证费
1	5000 万以下	5 万越南盾
2	5000 万～1 亿	10 万越南盾
3	1 亿～10 亿	资产价值或交易价值的 0.1%
4	10 亿～30 亿	100 万越南盾 + 资产价值或超过 10 亿越南盾的合同和交易价值部分的 0.06%
5	30 亿～50 亿	220 万越南盾 + 交易额超过 30 亿越南盾资产价值或合同价值部分的 0.05%
6	50 亿～100 亿	320 万越南盾 + 交易额超过 50 亿越南盾资产价值或合同价值部分的 0.04%
7	100 亿～1000 亿	520 万越南盾 + 交易额超过 100 亿越南盾资产价值或合同价值部分的 0.03%
8	超过 1000 亿	3220 万越南盾 + 超过 1000 亿越南盾资产价值或合同交易价值部分的 0.02%（最高费用为 7000 万越南盾 / 次）

（四）文件审定费

在一些情况下买卖房屋、土地时，须对授予土地使用权证的

文件进行审定。收取土地使用权证文件审定费是为了保证核发土地使用权证、房屋所有权证及其他附着在土地上的资产权属证符合法律规定的必要条件。省人民委员会将根据地块大小、各类文件的复杂程度、土地使用用途以及各地具体情况，制定个案收费标准。

（五）首次颁发红皮书（权属证）费用

土地使用权证、房屋所有权证及其他土地附着物权属证的核发费，是单位、家庭和个人在国家主管机关颁发权属证时必须缴纳的费用。颁发土地使用权证、房屋所有权证和其他土地附着物权属证的费用也由各省人民委员会规定，包括费用如下。

1. 颁发土地使用权证、房屋所有权证及其他土地附着物权属证的费用。

2. 土地登记证书、地籍图摘录变更证明费用。

3. 地籍记录的文件和数据费用。

费率由省人民委员会根据各地具体情况和经济发展政策制定。对直辖市、城市区域、省辖镇的家庭和个人收取的费率高于其他地区；对组织收取的费用也将高于对家庭和个人收取的费用。

（六）土地使用税

土地使用税是组织、个人和家庭使用土地时必须缴纳的强制性国家预算款项，不需要或免除缴税的情形除外。土地使用税包括农业土地使用税和非农业土地使用税。根据第 126/2020/ND-CP 号法令第 8 条第 3 款规定，土地使用税为年度税。

纳税人使用非农用地的，按每块土地每年申报一次；在同一个省级地域内的同区、同县或多区、多县拥有多块土地使用权的，则按住宅用地实行综合申报。纳税人有下列情形之一的，可以不进行综合申报。

（1）纳税人在同区、同县拥有一幅或多幅土地的土地使用权，但应税土地总面积不超过土地所在地住宅用地使用权限额。

（2）纳税人在不同地区、不同县拥有多块住宅用地的土地使用权，但无土地使用权超限且应税地块总面积不超过土地所在地住宅用地使用权限额。

住宅用地、生产经营用地及其他使用的非农业用地，须缴纳非农业土地使用税的税额计算方式：

应纳税额（越南盾）＝发生税额（越南盾）－减免税额（如有）

发生税额＝应税土地面积×1平方米土地价格（VND/m²）×

税率0.03%

六、在越南业主出租物业要支付什么税项？税率是多少？

在越南业主出租物业一般要缴纳以下三类税费。

（一）门牌税

这是当经营者（出租房主）的年租金收入达到1亿越南盾时所须缴的税。根据越南政府第39/2016/ND-CP号议定的规定，该税的缴税额为：每年租金收入5亿越南盾以上的，须缴税额100万越南盾；每年租金收入3亿～5亿越南盾的，须缴税额50万越南盾；每年租金收入1亿～3亿越南盾的，须缴税额30万越南盾。

需要注意的是，从一年的前六个月开始出租房屋的，即便租期不足一年，门牌税仍按一年计算；从后六个月开始出租房屋的，则按全年门牌税的一半收取。

（二）增值税

根据 2008 年越南增值税法规定，出租房屋须缴纳增值税。但是出租的年租金收入低于 1 亿越南盾的，免征增值税。对于年租金收入超过 1 亿越南盾的则要申报并缴纳增值税，根据第 40/2021/TT–BTC 号文件，其税率为 5%。因此：

$$物业出租增值税 = 租金 \times 5\%$$

（三）个人所得税

根据 2007 年越南个人所得税法规定，出租房屋须缴纳增值税。但是出租的年租金收入低于 1 亿越南盾的，免征个人所得税。对于年租金收入超过 1 亿越南盾的则要申报并缴纳个人所得税，根据第 40/2021/TT–BTC 号文件，其税率为 5%。因此：

$$物业出租个人所得税 = 租金 \times 5\%$$

小结：

在任何地方投资、工作或居住，都应该对该地方的土地和物业租售的法律和有关税制有基本的认识，并且咨询当地的专家，包括律师、会计师及物业代理等，才能更好地保障自己的权益。

第七部分

越南其他相关法律制度

一、越南的法律制度是沿用普通法，还是大陆法？

越南法律有着较为悠久的发展历史，包括成文法和习惯法，在越南生活，必须对当地的法律，尤其是刑法有初步的认识，才不会不小心触犯法律。

在越南法律发展史上，经历了数个不同的阶段。古代的越南法律制度深受中华法系影响。颁布于 1042 年（越南李朝李明道元年），被称为越南最早成文书的《刑书》就是继受中国唐宋律的立法成果，被视为"模仿唐宋律时代"的起点，黎朝的《国朝刑律》也是参照唐宋律制定，阮朝的《皇越律例》则是完全参照《大明律》和《大清律》制定。因此，越南传统法律文化与中国传统法律文化有着千丝万缕的联系。法国入侵越南后，法国的法律制度开始对越南法律的发展产生影响，进而使越南法律制度又具备了大陆法系的元素。正是由于越南经历的历史和法律发展的几个阶段，所以才形成了当今比较特殊或者是具有其本国特色的法律制度，在东南亚法律史甚至整个世界法律史上都显得较为重要。

越南的现代法律制度受大陆法系的影响较大，成文法在越南的法律渊源中占有最重要的地位。例如，越南民法典规定，越南民事法律体系的优先适用层级依次为法律条文、习惯、法律类推、民法基本原则、判例和公理，这体现了越南的主要法律渊源和效力层级。

（一）成文法

越南现在有一个从中央到地方的复杂成文法律体系，包括法律文件（宪法、法典、法律）与法律指导文件（议决、议定、通告、决定等）。有权颁布越南成文法的机构及决策者非常多，包括国会、国会常务委员会、国家主席、政府、总理、最高人民法院法官委员会、最高人民法院院长兼首席大法官、最高人民检察院检察长、最高人民检察院部长、最高人民检察院部级机构负责人、国家审计长、地方各级人民委员会和人民议会等。

在成文法渊源体系中，国际条约发挥着重要作用。在越南，这些条约比国家法律文件具有更高的法律效力，但低于宪法。当国际条约的规定与国内法存在差异甚至冲突时，只要这些规定不违反越南宪法，则以国际条约为准。

（二）习惯法

根据2015年越南民法典第5条规定，习惯是在长时间中形成且重复使用的内容明确的处事规则，可以在具体的民事关系中，确定自然人、法人的权利与义务，在某一区域、民族、社区或某一民事领域内获得公认与广泛应用。如果各方没有协议且成文法没有规定，则将适用习惯法，但该习惯不得违反民法的基本原则。

（三）法律类推适用

法律类推适用于民事法律。越南民法典第6条第1款规定，属于民事法的调整范围，但各方没有协议、法律没有规定且没有习惯适用的，可适用相近法律的规定调整民事关系。越南民事诉讼法第45条第2款规定，在审理民事案件的过程中，司法机关在适用法律类推时，必须确定案件的法律性质，明确现行法律制度中没有明文规定予以调整，准确适用类似社会关系的法律规范。

（四）判例

尽管越南法律制度深受大陆法系的影响，但在越南的法律体系中，判例也作为其中一个法律渊源。如果没有符合适用的成文法、习惯法和类似法律，判例将被适用。

越南最高人民法院法委员会颁布的第04/2019/NQ-HDTP号决议书规定，判例是指最高人民法院法官委员会选定、最高人民法院院长兼首席大法官公布的具有法律效力的判决或者裁定中的论据和决定。在审判过程中，法官和陪审员必须考虑适用判例，确保情况相似的案件以同样的方式解决。如果案件具有相似情形但法院却拒绝适用判例，则必须在法院判决、裁定中说明理由。

（五）公理

越南民法典将公理作为一个兜底的法律渊源，在民事案件情形无成文法、习惯法、类似法律、民法基本原则和判例等作为适用依据时，则可适用公理来进行裁决。越南民法典并没有解释什么是公理，但越南民事诉讼法第45条对公理进行了界定，即根据人道原则、无偏见立场、权利义务平等以及受社会公认的原则为基础来确定公理。

二、越南的民事与刑事法庭分多少级？

根据越南宪法和2014年人民法院组织法的规定，越南的审判权由人民法院行使。越南法院组织体系由四个层次组成：全国设有一个最高人民法院；在北部的河内市、中部的岘港市、南部的胡志明市各设有一个高级人民法院；在各省、直辖市设省级人民法院；在各县、市辖的郡设县级人民法院。此外，还设有军事法院和法律规定的其他法院。各级人民法院都设有民事法庭和刑事法庭，分别负责民事和刑事案件的审理工作。

在审级制度上，越南的民事与刑事案件都采取两审终审制度，其审判程序一般分为初审和复审。对初审判决不服的，可以通过上诉或抗诉的方式提起复审。复审判决一经作出，立即生效。此外，越南还有监督审和再审这两类特别程序，对已经具有法律效力但在事实认定或法律适用方面存在错误的判决和决定进行审查。

在案件的管辖分工方面，越南的民事与刑事案件都是由县级、省级人民法院负责初审，高级人民法院与最高人民法院不对案件进行初审。对县级人民法院的初审判决上诉的，由省级人民法院进行复审；对省级人民法院的初审判决上诉的，由高级人民法院进行复审。对已生效裁判的监督审、再审，则是由最高人民法院、高级人民法院审理。

至于案件的初审是由县级法院受理还是由省级法院受理，须根据案件的具体情况而定。涉及外国当事人、境外财产或者必须司法委托给越南驻外代表机构或者外国法院、主管机关协助的纠纷，不属于县级人民法院的一审管辖范围。但是，为方便居住在越南境内者办理婚姻家庭事务，越南公民居住地的人民法院可受理初审撤销非法婚姻、离婚以及与配偶、父母和子女的权利义务有关的纠纷；同时居住在边境地区的越南公民与居住在越南附近的邻国公民的有关父母和子女的收养和监护关系的纠纷，也可由县级人民法院受理。

三、在越南被刑事拘捕者有什么权利？

越南刑事诉讼中的逮捕行为分为逮捕紧急情况被拘留人、逮捕现行犯、逮捕被通缉人员、逮捕犯罪嫌疑人和被告人以羁押、逮捕被要求引渡的人等五类；关押的状态分为紧急情况拘留、拘押和羁押三类。紧急情况拘留只适用于法律规定的紧急情况，拘留之后 12 小时内，侦查机关必须立即对其进行讯问，并对被拘留人作出拘押、提出逮捕令或立即释放的决定。拘押适用于对紧急情况被拘留人、现行犯、犯罪投案自首的人或者按通缉决定逮捕的人，拘押期限不超过三日，在必要情况下，作出拘押决定的人可以延长拘押期限，但不得超过三日；在特殊的情况下，作出拘押决定的人可以第二次延长期限，但也不能超过三日；每次延长拘押期限决定都必须经过同级检察院或有管辖权的检察院批准；拘押一日折抵羁押一日。羁押是在对犯罪嫌疑人立案之后才采取的强制措施，主要适用于非常严重、特别严重犯罪的犯罪嫌疑人和被告人，但对于具有法定情形的轻罪、严重犯罪的嫌疑人和被告人也可适用羁押；羁押期限可与侦查期限、起诉期限、审判期限相同。

（一）紧急情况下被拘留的人、现行犯罪被逮捕的人与根据通缉决定逮捕的人的权利

1. 获听取、接受紧急情况下的拘留令，对紧急情况被拘留人的逮捕令，批准逮捕紧急情况下被拘留人的决定，通缉决定。

2. 获告知自己被拘留、逮捕的理由。

3. 获告知并解释法律规定的权利和义务。

4. 陈述并发表意见，不被强迫做对自己不利的供述或被迫认罪。

5. 提出证据、材料、物品和要求。

6. 就有关证据、材料、物品、要求发表意见，要求有权诉讼工作人员进行审查判断。

7. 自行辩护或者聘请他人辩护。

8. 对有权诉讼机关和人员在拘留、逮捕事项中的诉讼决定和行为进行申诉。

（二）被拘押人的权利

被拘押人是指紧急情况下的被拘留人、现行犯罪的被逮捕人、根据通缉决定逮捕的人或自首、投案并对其作出拘押决定的犯罪人。被拘押人有以下权利：

1. 获告知自己被拘押的理由，获取拘押决定书、拘押期限延长决定书、拘押期限延长决定的批准文书与依本法典规定作出的其他诉讼决定书。

2. 获告知并解释法律规定的权利和义务。

3. 陈述并发表意见，不被强迫做对自己不利的供述或被迫认罪。

4. 自行辩护，聘请他人辩护。

5. 提出证据、材料、物品和要求。

6. 就有关证据、材料、物品、要求发表意见，要求有权诉讼工作人员进行审查判断。

7. 对有权诉讼机关和人员在拘留事项中的诉讼决定和行为进行申诉。

（三）被羁押的犯罪嫌疑人的权利

犯罪嫌疑人是指被刑事立案且尚未提交审判的自然人或法人。被羁押的犯罪嫌疑人有以下权利：

1. 获告知自己被立案的理由。

2. 获告知、解释法律规定的权利和义务。

3. 获取对犯罪嫌疑人立案决定书，对犯罪嫌疑人变更、补充立案决定书，对犯罪嫌疑人立案及变更、补充立案决定的批准文书；适用、变更、撤销强制措施、强制办法的决定；侦查结论书；侦查中止或终止决定；案件中止或终止决定；起诉状、起诉决定与依照刑事诉讼法典规定作出的其他诉讼决定书。

4. 陈述并发表意见，不被强迫做对自己不利的供述或被迫认罪。

5. 提出证据、材料、物品和要求。

6. 就有关证据、材料、物品、要求发表意见，要求有权诉讼工作人员进行审查判断。

7. 要求鉴定、财产价值评估；要求有权诉讼工作人员、鉴定人、财产评估人、翻译和编译人员回避。

8. 自行辩护，聘请他人辩护。

9. 自侦查终结之日起，可要求阅读、复印与控罪、脱罪相关的副本材料、数字化材料，或其他有关辩护事项的副本材料。

10. 对有权诉讼机关和人员的诉讼决定和行为进行申诉。

犯罪嫌疑人有义务按照有权诉讼机关工作人员的传唤到案。如果不是因为不可抗力或客观障碍的理由不到案的，有效诉讼机关可以对其适用押解措施，如果逃跑则进行通缉。犯罪嫌疑人有义务执行法院的决定和要求。

（四）被羁押的被告人的权利

被告人是指已经被法院决定提交审判的自然人或法人。被羁押的被告人有以下权利：

1. 获取提交审判决定书；适用、变更、撤销强制措施、强制办法的决定；案件中止或终止决定；法院判决、决定以及依本法典规定作出的其他诉讼决定书。

2. 参加庭审。

3. 获告知、解释法律规定的权利和义务。

4. 要求鉴定、财产价值评估；要求有权诉讼工作人员、鉴定人、财产评估人、翻译和编译人员回避；要求传证人、被害人，与案件相关的权利和义务人、鉴定人、财产评估人，以及其他诉讼参加人员和有权诉讼工作人员等参加庭审。

5. 提出证据、材料、物品和要求。

6. 就有关证据、材料、物品、要求发表意见，要求有权诉讼工作人员进行审查判断。

7. 自行辩护，聘请他人辩护。

8. 陈述并发表意见，不被强迫做对自己不利的供述或被迫认罪。

9. 提议审判长询问或在得到审判长同意时自己询问参与庭审人员，在法庭上进行辩论。

10. 作休庭前的最后陈述。

11. 阅读庭审笔录，要求修改或补充庭审笔录。

12. 对法院的判决和决定提出上诉。

13. 对有权诉讼机关和人员的诉讼决定和行为进行申诉。

14. 法律规定的其他权利。

被告人有义务按照法院的传唤到案。如果不是因为不可抗力或客观障碍的理由不到案的，可以对其适用押解措施，如果逃跑则进行通缉。被告人有义务执行法院的决定和要求。

四、越南有没有死刑？如果有，对什么样的刑事罪可判处死刑？

在越南，死刑是一种特殊刑罚，仅适用于犯有属于危害国家安全类罪的特别严重罪行，以及侵犯人命、毒品犯罪、腐败和刑法规定的其他一些特别严重的犯罪。特别严重犯罪是指性质特别严重、社会危害程度特别重大，刑法规定的最高刑罚为 15 年以上 20 年以下有期徒刑、无期徒刑或者死刑的犯罪。

（一）可判处死刑的罪行

2015 年越南刑法典（2017 修订补充）规定可判处死刑的罪名有 18 种，包括叛国罪，企图推翻人民政府的活动罪，间谍罪，暴乱罪，旨在反对人民政府的恐怖主义犯罪，破坏越南社会主义共和国物质技术设施罪，谋杀罪，强奸未满 16 岁未成年人的犯罪，生产、经营假冒药品、预防药品罪，非法生产毒品罪，非法运输毒品罪，非法贩卖毒品罪，恐怖主义犯罪，贪污财产罪，受贿罪，破坏和平、发动侵略战争罪，危害人类罪，战争罪。

（二）不适用死刑的情形

犯罪者虽犯有上述 18 种罪，但有以下情形之一的，不适用死刑。

1. 犯罪时未满 18 岁。

2. 孕妇、在犯罪或受审时抚养 36 个月以下子女的妇女。

3. 犯罪或受审时已年满 75 岁的人。

（三）不予执行死刑的情形

被判处死刑的人有下列情形之一的，不予执行死刑。

1. 孕妇或抚养 36 个月以下子女的妇女。

2. 75 岁或以上的人。

3. 因贪污罪、受贿罪被判处死刑的人，判刑后主动交出四分之三以上贪污、受贿财物，积极配合办案机关处理案件或者有重大立功的。

五、越南的法庭用什么语言审讯？除越南语外，可以用英语吗？

越南法庭使用的语言和文字是越南语。各方可以使用本国的语言和文字，但需要有翻译人员。如果诉讼的当事人是聋哑人或视力障碍的残疾人，可以使用残疾人的语言。在这种情况下，也需要有翻译人员。

六、越南有没有仲裁机构？在越南，以仲裁方式解决民事纠纷是否普遍？

越南商事仲裁法自 2011 年 1 月 1 日起施行，施行 13 年来，商事仲裁法对促进仲裁活动的发展起到了促进作用，仲裁活动越来越受到社会的关注和接受。仲裁案件数量也大幅增加。迄今为止，越南全国商事仲裁中心数量约有 40 个，其中历史最悠久的是 1993 年成立的越南国际仲裁中心（VIAC），大部分仲裁案件都在该中心解决，其他仲裁中心受理的案件很少。仲裁中心的运行效率仍不能真正满足当前企业商事争议解决的需求。越南商事仲裁法的实际适用暴露出一些局限性，需要继续完善，因此越南目前正在就商事仲裁法修正案草案征求意见。

小结:

如果在越南进行民商事诉讼,当然要找当地的律师代表,以确保权益受到保护,而且在选择到法院诉讼或仲裁时,也可以咨询当地律师的法律意见,以作出正确的抉择。

附录

一、2020 年越南投资法节选

第 5 条　投资经营的政策

1.投资者有权从事投资经营本法不禁止的行业领域。对于有条件限制投资经营的行业领域，投资者则必须要符合法律规定的投资经营条件。

2.投资者可依本法及其他相关法律规定自主并自行对投资经营活动负责；可依法律规定接触、使用信贷资金、援助基金，使用土地及其他资源。

3.如果投资经营活动妨害或存在妨害国防、国家安全的危险的，则该投资人的活动被中止、终止、取缔。

4.国家认可并保护投资者资产所有权、投资金、投资所得以及其他合法权益。

5.国家平等对待各投资者；实行鼓励政策，为投资者实施投资经营活动、稳定发展各经济产业创造有利条件。

6.国家尊重并执行越南社会主义共和国作为成员国的投资方面的国际条约。

第 6 条　禁止投资经营的行业领域

1.禁止下列投资经营活动：

（1）经营本法附录 1 规定的毒品；

（2）经营本法附录 2 规定的各种化学品、矿物质；

（3）经营《濒临绝种野生动植物国际贸易公约》附录 1 规定

的各种野生动植物以及本法附录 3 规定的各种濒危、珍稀动植物、水产等物种；

（4）经营卖淫；

（5）买卖人口、人体组织、尸体、器官、人类胚胎；

（6）有关人体无性生殖的经营活动；

（7）经营炮竹；

（8）经营讨债服务；

（9）经营国宝买卖；

（10）经营文物出口。

2. 在分析、检验、科研、医疗、药品生产、犯罪调查、保护国防与安全活动中生产以及使用本条第 1 款第（1）项、第（2）项、第（3）项规定产品的，依照政府规定执行。

第 7 条　有条件限制投资经营的行业领域

1. 有条件限制投资经营的行业领域是指在该行业领域实施投资经营活动时必须满足国防、国家安全、社会秩序与安全、社会道德以及公众健康等必要条件的行业领域。

2. 有条件限制投资经营行业领域的清单规定在本法附录 4。

3. 本条第 2 款规定行业领域的投资经营条件规定于国会的法律、决议，国会常务委员会的法令、决议，政府的议定以及越南社会主义共和国作为成员国的国际条约。各部、同部级机关、地方各级人民议会、人民委员会以及其他机关、组织、个人不得颁行关于投资经营条件的规定。

4. 投资经营条件的规定应符合本条第 1 款规定的情形，并应确保公开、透明、客观以及节省投资者的遵行时间、费用。

5. 投资经营条件的规定应具备以下内容：

（1）投资经营条件的适用对象及范围；

（2）投资经营条件的适用形式；

（3）投资经营条件的内容；

（4）投资经营条件遵循的资料、程序、行政手续（若有）；

（5）投资经营条件的国家管理机关、行政手续办理机关；

（6）许可证、证明、证书或其他确认、核准文件的有效期（若有）。

6.投资经营条件的适用形式如下：

（1）许可证；

（2）证明；

（3）证书；

（4）确认、核准文件；

（5）不需主管机关书面确认，但要求个人、经济组织从事投资经营必须满足的其他要求。

7.有条件限制投资经营行业领域及对该行业领域投资经营的条件应公布于国家关于企业登记的信息网站上。

8.政府规定投资经营条件公布及管理的细则。

第9条　外国投资者准入市场的行业领域及条件

1.外国投资者适用与对国内投资者所规定一样的市场准入条件，但本条第2款规定的情形除外。

2.根据国会的法律、决议，国会常务委员会的法令、决议，政府议定以及越南社会主义共和国作为成员国的国际条约，政府公布对外国投资者限制准入市场的行业领域清单，包括：

（1）尚未能准入市场的行业领域；

（2）有条件准入市场的行业领域。

3. 在限制外国投资者准入市场清单的行业领域，外国投资者市场准入条件包括：

（1）外国投资者在经济组织中所持有的注册资金比例；

（2）投资形式；

（3）投资活动范围；

（4）投资者的行为能力；参加实施投资活动的合作对象；

（5）国会的法律、决议，国会常务委员会的法令、决议，政府议定以及越南社会主义共和国作为成员国的国际条约规定的其他条件。

4. 政府规定本条的细则。

第 10 条　资产所有权保障

1. 投资者的合法资产不被国有化或以行政措施没收。

2. 国家以国防、国家安全或国家利益、紧急情形、防治天灾等事由征购、征用资产时，投资者可依据资产征购、征用法及其他相关法律的规定获得结算、补偿。

第 11 条　投资经营活动保障

1. 国家不强制投资者必须执行以下要求：

（1）优先购买、使用国内货品、劳务或必须购买、使用国内生产商或劳务供应商的货品、劳务；

（2）出口货品或劳务达到某个特定比例；限制出口或在国内生产、供应货品、劳务的数量、金额、种类；

（3）以相应出口货品的数量、金额进口货品或应自行平衡自出口获得的外币以满足进口需求；

（4）对于国内生产货品达到本地化的比例；

（5）在国内研究发展活动中达到一定程度或价值；

（6）在国内或国外某个具体地点供应货品、劳务；

（7）按国家主管机关要求的地点设置总部。

2. 根据每个时期经济—社会发展条件及吸引投资需求，政府总理决定适用各项国家保障形式以实施由国会、政府总理所核准投资主张的投资预案及其他重要基础结构发展的投资预案。

3. 政府规定本款的细则。

第 12 条　外国投资者向国外转移资产的权利保障

外国投资者依照法律规定对越南国家充分履行财务义务后，可向国外转移以下资产：

1. 投资金、投资清算款；

2. 投资经营活动所得；

3. 属于投资者合法所有的现金及其他资产。

第 13 条　法律变更的投资经营保障

1. 如果颁行新的法律文件规定了新的投资优惠或更高的投资优惠时，则投资者的投资预案剩余期间可依新法律文件的规定享受投资优惠，但属本法第 20 条第 5 款第（1）项规定的投资预案的特别投资优惠除外。

2. 如果颁行新的法律文件规定投资优惠低于投资者之前享受的投资优惠时，则投资者的投资预案剩余期间可继续适用之前规定的投资优惠。

3. 本条第 2 款规定不适用于以国防、国家安全、社会秩序与安全、社会道德、公众健康、环境保护为由而变更法律文件规定的情形。

4. 如果投资者依本条第 3 款规定情形不得继续适用之前投资优惠时，则可考虑采取以下一个或数个解决措施：

（1）从应纳所得税额中抵扣投资者的实际损失；

（2）调整投资预案的活动目标；

（3）协助投资者克服损失。

5. 对于本条第 4 款规定的投资保障措施，投资者应于新法律文件生效之日起 3 年内提出书面要求。

第 14 条　投资经营活动中的争端解决

1. 在越南有关投资经营活动争端可通过协商、调解解决。如果争端无法协商、调解时，则依据本条第 2 款、第 3 款、第 4 款的规定提交仲裁或法院解决。

2. 各国内投资者、外资经济组织之间或国内投资者、外资经济组织与政府主管机关之间在越南领土上的有关投资经营活动争端可通过越南仲裁或越南法院解决，本条第 3 款规定的情形除外。

3. 各投资者之间有至少一方是外国投资者或本法第 23 条第 1 款第（1）项、第（2）项、第（3）项所规定经济组织的争端，可通过下列机关、组织之一解决：

（1）越南法院；

（2）越南仲裁；

（3）国外仲裁；

（4）国际仲裁；

（5）由各争端方协议成立的仲裁。

4. 外国投资者与国家主管机关在越南领土上有关投资经营活动争端可通过越南仲裁或越南法院解决，合同另有约定或越南社会主义共和国作为成员国的国际条约另有规定的除外。

第 15 条　投资优惠适用的形式及对象

1. 投资优惠形式包括：

（1）企业所得税优惠，包括在有期限或整个投资预案实施期间适用低于一般的企业所得税税率；依照企业所得税法律规定的免税、减税及其他优惠；

（2）依进出口税法律的规定，免征用以建设固定资产进口货品的进口税；用以生产的进口原料、物资及零件的进口税；

（3）减免土地使用金、土地租金、土地使用税；

（4）计算应税所得时可扣除消耗税及所增费用。

2. 享受投资优惠的对象包括：

（1）属于本法第16条第1款规定投资优惠产业的投资预案；

（2）地处本法第16条第2款所规定投资优惠地区的投资预案；

（3）投资金规模在6万亿越盾以上，自从获核发投资登记证书或核准投资主张之日起3年内到位资金在6万亿越盾以上，同时具备以下指标之一：自有营业收入之年起最迟3年后取得营业总额至少达每年10万亿越盾或雇用3000名以上劳动者的投资预案；

（4）社会住宅建设投资预案，在农村地区雇用500名以上劳动者的投资预案，依残疾人保障法规定雇用残疾人劳动者投资预案；

（5）高科技企业、科学技术企业、科学技术组织，依据技术转让法律规定属于鼓励转让技术清单中的技术转让预案，依据高科技法律、科学技术法律规定的科技孵化基地、科技企业孵化基地，依据环保法律规定生产、供应科技、设备、产品、服务以符合环保要求的企业；

（6）创新创业的投资预案、革新创造中心、研究发展中心；

（7）中小企业产品分销链的投资经营，依照中小型企业协助法律规定进行协助的中小企业和中小企业孵化基地技术基础的投资经营，协助中小型企业创新创业的公共办公区投资经营。

3. 投资优惠适用于新投资预案及扩大投资预案。

4. 各类投资优惠的具体优惠额度，依据税务、会计及土地法律规定适用。

5. 本条第2款第（2）项、第（3）项、第（4）项规定的投资优惠不适用于以下投资预案：

（1）矿产开采的投资预案；

（2）依据特别消费税法规定属于应纳特别消费税对象的货品、服务的生产、经营投资预案，但汽车、飞机、游船制造的预案除外；

（3）住宅法律规定的商业住宅建设投资预案。

6. 投资优惠要基于投资者预案实施结果有期限地适用。投资者在享受投资优惠期间应满足法律规定的优惠获享条件。

7. 投资预案满足各项不同投资优惠条件，包括本法第20条规定的所有投资优惠的，则适用其中最高的投资优惠。

8. 政府规定本条的细则。

第 16 条　投资优惠行业领域及投资优惠地区

1. 投资优惠行业领域包括：

（1）依据科技法律规定的高科技活动、协助高科技的工业品、研发活动、生产科技结果形成的产品；

（2）生产新材料、新能源、绿色能源、可再生能源，生产具有 30% 以上附加值的产品、节约能源的产品；

（3）生产电子产品、重要机器产品、农机、汽车、汽车零部件、造船；

（4）生产属于协助优先发展工业产品清单的产品；

（5）生产通信科技、软件、数据内容产品；

（6）养殖，加工农产、林产、水产，植林及森林保护，制盐，开采海产及渔业后勤劳务，生产植物、动物品种、生物科技产品；

（7）废物收集、处理、再加工或再利用；

（8）投资、发展、运行、管理基础结构工程，发展都市公共交通运输；

（9）幼儿园教育、普通教育、职业教育、大学教育；

（10）检查、治疗疾病，生产药品、药材、保管药品，研究制药技术、生物技术科学以生产各种新药品，生产医疗设备；

（11）为残疾人或专业人员投资体育运动锻炼、竞赛的场所，保护并发挥文化遗产价值；

（12）投资脑科、精神及橙剂感染患者治疗中心，照料高龄人员、残疾人员、孤儿、无依靠流浪儿童中心；

（13）人民信贷基金、微型金融组织；

（14）生产、提供能营造或参与价值链、产业链集群的货品、劳务。

2. 投资优惠地区包括：

（1）经济—社会条件困难地区、经济—社会条件特别困难地区；

（2）工业区、加工出口区、高科技园区、经济区。

3. 根据本条第1款及第2款规定投资优惠的行业领域、地区，政府颁行、修改、补充投资优惠行业领域清单及投资优惠地区清单；确定投资优惠行业领域清单中的特别投资优惠行业。

第 21 条　投资形式

1. 投资成立经济组织。

2. 投资出资、购买股份、购买出资份额。

3. 实施投资预案。

4. 依 BCC 合同形式投资。

5. 政府规定的各种新投资形式、新经济组织类型。

第 22 条　投资成立经济组织

1. 投资者依据下列规定成立经济组织：

（1）国内投资者依照企业法律及各个经济组织类型相应的法律规定成立经济组织；

（2）外国投资者成立经济组织应满足本法第 9 条针对外国投资者规定的市场准入条件；

（3）在成立经济组织前，外国投资者必须有投资预案，办理投资登记证书核发、调整手续，依据中小企业协助法规定成立中小型创新创业企业及创新创业投资基金的除外。

2. 自获得核发企业登记证书或具有与其相当法理价值的其他文书之日起，外国投资者成立的经济组织即为实施投资登记证书中投资预案的投资者。

第 23 条　外资经济组织投资活动的实施

1. 经济组织在投资成立其他经济组织时，向其他经济组织出资、购买股份、购买出资份额，依 BCC 合同形式投资时，若该经济组织具有下列情形之一的，应满足关于外国投资者所规定的条件并办理投资手续：

（1）对于是合名公司的经济组织，外国投资者持有 50% 以上注册资金份额或大部分合名成员是持外籍的个人；

（2）具有本款第（1）项规定情形的经济组织持有50%以上注册资金份额；

（3）外国投资者与具有本款第（1）项规定情形的经济组织持有50%以上的注册资金份额。

2.非属本条第1款第（1）项、第（2）项、第（3）项规定的经济组织在投资成立其他经济组织时，通过向其他经济组织出资、购买股份、购买出资份额形式投资，按BCC合同形式投资时，投资条件、手续依据国内投资者的规定执行。

3.在越南已成立的外资经济组织，如果有新的投资预案，则办理该投资预案的实施手续，而无需成立新的经济组织。

4.政府规定关于外国投资者、外资经济组织投资成立经济组织及实施投资活动的程序、手续细则。

第24条　通过出资、购买股份、购买出资份额的形式投资

1.投资者有权向经济组织出资、购买股份、购买出资份额。

2.外国投资者向经济组织出资、购买股份、购买出资份额应满足以下规定条件：

（1）本法第9条规定针对外国投资者的市场准入条件；

（2）依照本法规定保障国防、国家安全；

（3）土地法律关于土地使用权受让条件，以及岛屿，边境乡、坊、镇，沿海乡、坊、镇土地使用条件的规定。

第25条　出资、购买股份、购买出资份额的形式

1.投资者可通过下列形式向经济组织出资：

（1）购买股份公司首次发行股份或增资发行股份；

（2）向有限责任公司、合名公司出资；

（3）向非属本款第（1）项、第（2）项规定的其他经济组织出资。

2. 投资者通过下列形式购买经济组织的股份、出资份额：

（1）从公司或股东购买股份公司的股份；

（2）购买有限责任公司股东的出资份额以成为有限责任公司的股东；

（3）购买合名公司出资成员的出资份额以成为合名公司的出资成员；

（4）购买非属本款第（1）项、第（2）项、第（3）项规定的其他经济组织成员的出资份额。

第 26 条　通过出资、购买股份、购买出资份额等形式办理的投资手续

1. 向经济组织出资、购买股份、购买出资份额的投资者应依照法律规定按每种经济组织类型相应条件办理成员、股东变更手续。

2. 若属下列情形之一的，在变更成员、股东之前，外国投资者要办理向经济组织出资、购买股份、购买出资份额的登记手续：

（1）出资、购买股份、购买出资份额事项导致外国投资者在对于外国投资者有条件准入市场行业领域的经济组织所持有比例增加的；

（2）出资、购买股份、购买出资份额事项导致外国投资者、本法第 23 条第 1 款（1）项、第（2）项、第（3）项规定的经济组织在以下情形持有经济组织注册资金 50% 以上：增加外国投资者注册资金持有比例从低于或等于 50% 达到 50% 以上的；外国投资者已持有经济组织注册资金 50% 比例以上，增加外国投资者注册资金持有比例的；

（3）外国投资者向位于岛屿，边境乡、坊、镇，沿海乡、坊、镇，以及影响国防、国家安全的其他区域具有土地使用权证的经济组织出资、购买股份、购买出资份额的。

3.非属本条第2款规定的投资者向经济组织出资、购买股份、购买出资份额的，依照相关法律规定办理股东、成员变更手续。如果就向经济组织出资、购买股份、购买出资份额事项有登记需求的，投资者依照本条第2款规定办理。

4.政府对本条关于向经济组织出资、购买股份、购买出资份额的文件、程序、手续规定细则。

第27条　以BCC合同形式投资

1.国内投资者之间所签订的BCC合同，依照民事法律规定执行。

2.国内投资者与外国投资者或外国投资者之间签订的BCC合同，依照本法第38条规定办理投资登记证书核发手续。

3.BCC合同各方当事人成立协调委员会以实施BCC合同。协调委员会的职能、任务、权限由各方当事人协议。

第28条　BCC合同内容

1.BCC合同包括以下主要内容：

（1）合同各方当事人的名称、地址、有权代表人，交易地址或投资预案实施地；

（2）投资经营活动的目标及范围；

（3）合同各方当事人出资情形，以及投资经营结果的分配；

（4）合同实施进度及期限；

（5）合同各方当事人的权利义务；

（6）合同的修订、转让、终止；

（7）违反合同的责任、争议解决方式。

2. 在 BCC 合同实施过程中，合同各方当事人可协商使用其合作经营形成的资产根据企业法律规定成立企业。

3.BCC 合同各方当事人有权协商与法律不相抵触的其他内容。

第 37 条　办理投资登记证书核发手续的情形

1. 必须办理投资登记证书核发手续的情形包括：

（1）外国投资者的投资预案；

（2）本法第 23 条第 1 款所规定的经济组织的投资预案。

2. 无需办理投资登记证书核发手续的情形包括：

（1）国内投资者的投资预案；

（2）本法第 23 条第 2 款所规定的经济组织的投资预案；

（3）通过向经济组织出资、购买股份、购买出资份额等形式的投资。

3. 对于本法第 30 条、第 31 条、第 32 条规定的投资预案，国内投资者、本法第 23 条第 2 款所规定的经济组织在投资主张获得核准后，展开实施投资预案。

4. 如果投资者有需要核发本条第 2 款第（1）项、第（2）项规定投资预案的投资登记证书的，投资者依照本法第 38 条规定办理投资登记证书核发手续。

第 38 条　投资登记证书核发手续

1. 投资登记机关在以下期限对属于本法第 30 条、第 31 条、第 32 条规定核准投资主张情形的投资预案核发投资登记证书：

（1）对属于核发投资登记证书的投资预案，自收到投资主张核准及投资者核准文件之日起 5 个工作日；

（2）对不属于本款第（1）项规定的投资预案，自收到投资者投资登记证书核发申请之日起 15 日。

2. 对不属于本法第 30 条、第 31 条、第 32 条规定核准投资主张的投资预案，投资者如果满足下列条件则可核发投资登记证书：

（1）投资预案不属禁止投资经营的行业领域；

（2）有实施投资预案的地点；

（3）投资预案符合本法第 33 条第 3 款第（1）项规定的规划；

（4）满足一个土地面积上的投资率、使用劳动者数量的条件（若有）；

（5）外国投资者满足准入市场的条件。

3. 政府规定投资登记证书核发条件、材料、程序、手续的细则。

第 39 条　投资登记证书核发、调整及收回的权限分工

1. 工业园区、出口加工区、高新技术区、经济区管理委员会核发、调整、收回在工业园区、出口加工区、高新技术区、经济区内投资预案的投资登记证书，本条第 3 款规定的情形除外。

2. 计划投资厅核发、调整、收回在工业园区、出口加工区、高新技术区、经济区以外投资预案的投资登记证书，本条第 3 款规定的情形除外。

3. 投资者实施投资预案、设立或预计设立行政办公室以实施投资预案所在地的投资登记机关核发、调整、收回下列投资预案的投资登记证书：

（1）在 2 个以上省级行政区域实施的投资预案；

（2）在工业区、加工出口区、高科技区及经济区内外实施的投资预案；

（3）在未成立工业园区、出口加工区、高新技术区、经济区管理委员会的工业园区、出口加工区、高新技术区、经济区内或非属工业园区、出口加工区、高新技术区、经济区管理委员会管理范围的投资预案。

4. 投资预案材料受理机关是投资登记证书核发的主管机关，但本法第 34 条、第 35 条规定的情形除外。

第 40 条 投资登记证书的内容

1. 投资预案名称。

2. 投资者。

3. 投资预案编码。

4. 投资预案实施地点、所使用土地面积。

5. 投资预案目标、规模。

6. 投资预案的投资金（包括投资者的出资及募集资金）。

7. 投资预案的实施期限。

8. 投资预案实施进度，包括：

（1）出资及募集资金的进度；

（2）投资预案主要目标的实施进度，如果投资预案分阶段实行则应规定每阶段的实施进度。

9. 投资优惠、协助形式及适用依据、条件（若有）。

10. 投资者实施投资预案的条件（若有）。

第 41 条 投资预案调整

1. 投资预案实施过程中，投资者有权调整投资预案目标、转让部分或全部投资预案、合并多个预案或拆分、分割一个预案为多个预案、使用属于投资预案的土地及附带地上资产使用权以出资成立企业、合作经营或其他内容，但要符合法律规定。

2. 如果调整投资预案致使投资登记证书内容变更时，投资者应办理投资登记证书调整手续。

3.已获核准投资主张、投资预案的投资者如有下列情形之一时，应办理投资主张调整核准手续：

（1）变更投资主张核准文件所规定的目标；补充属于核准投资主张情形的目标；

（2）变更所使用土地面积规模的 10% 以上或 30 公顷以上、变更投资地点；

（3）变更投资总资金在 20% 以上致使投资预案规模变更；

（4）预案投资总时间比首次投资主张核准文件所规定投资预案实施进度超出 12 个月，延长了投资预案实施进度；

（5）调整投资预案实施期限；

（6）变更在投资主张核准过程中已获审定、征询意见的技术方案；

（7）变更在预案开发、实施前已同时获核准投资主张和投资者投资预案的投资者，或变更对投资者的条件（若有）。

4.对于获得核准投资主张的投资预案，投资者不得将投资预案实施进度调整比首次投资主张核准文件所规定投资预案实施进度超出 24 个月，但有以下情形之一的除外：

（1）为了克服按民事法律及土地法律所规定的不可抗力情形的后果；

（2）由于国家迟延给投资者拨给土地、出租土地、允许变更土地用途而调整投资预案实施进度；

（3）因国家管理机关要求或国家机关迟延办理行政手续而调整投资预案实施进度；

（4）由于国家机关变更规划而调整投资预案；

（5）变更投资主张核准文件所规定的目标；补充属于核准投资主张情形的目标；

（6）增加投资总资金比例在 20% 以上致使投资预案规模变更的。

5. 具有投资主张核准权限的国家机关则具有投资主张调整核准权限。

6. 如果申请投资预案调整致使投资预案属于更高一级主管机关核准投资主张的，则由该级机关依照本条规定核准投资主张调整。

7. 投资主张调整的程序、手续依照本法第 34 条、第 35 条、第 36 条规定的各相应调整内容执行。

8. 如果申请调整投资预案致使投资预案属于应核准投资主张的情形，则投资者应于调整投资预案之前办理投资主张核准手续。

9. 政府规定本条的细则。

第 43 条　投资预案实施保障

1. 有向国家申请拨给土地、租赁土地、变更土地用途的投资预案，投资者应缴纳保证金或应有银行对保证金缴纳义务进行担保以作实施保障，以下情形除外：

（1）投资者中拍竞拍土地使用权以实施投资预案，国家已收取土地使用金并交地，租赁土地已一次性收取整个租期土地租金的投资预案；

（2）投资者中标有使用土地的投资预案；

（3）投资者基于受让依缴纳保证金或依投资主张核准文件及投资登记证所规定进度完成出资、募资的投资预案而获国家拨给土地、出租土地；

（4）投资者基于受让其他土地使用者的土地、附带土地使用权的资产而获国家拨给土地、出租土地以实施投资预案。

2. 根据每项投资预案的规模、性质及实施进度，保障投资预案实施的保证金额度为投资预案投资金的 1%～3%。如果投资预案有多个投资阶段，则保证金额度依投资预案的每个实施阶段缴纳、退还，但不得退还情形除外。

3. 政府规定本条的细则。

第 44 条　投资预案实施期限

1. 在经济区的投资预案实施期限不超过 70 年。

2. 在经济区以外的投资预案的实施期限不超过 50 年。在经济—社会条件困难地区、经济—社会条件特别困难地区实施的投资预案或投资金额巨大而资金回收缓慢的投资预案，实施期限可延长，但不超过 70 年。

3. 对于获国家拨给土地、出租土地但投资者被迟延移交土地，则国家迟延移交土地的时间不计入投资预案实施期限、进度。

4. 投资预案实施期限期满时，投资者有继续实施投资预案的需求且满足法律规定条件，则可考虑延展投资预案实施期限，但不能超过本条第 1 款、第 2 款规定的最大期限，以下投资预案除外：

（1）使用落后技术、有污染环境、高消耗资源等潜在危险的投资预案；

（2）属于投资者必须向越南国家或越方无偿移交资产的投资预案。

5. 政府规定本条的细则。

第45条 确定出资价值；鉴定出资价值；鉴定机器、设备、工艺线

1. 投资者依照法律规定负责保障机器、设备、工艺线质量以实施投资预案。

2. 投资预案投入开发、运行后，由投资者自行确定投资预案的出资价值。

3. 必要时为保障国家对科学技术的管理或作为确定计税依据，在投资预案投入开发、运行后，国家有权管理机关可要求对出资价值、机器、设备、工艺线质量和价值进行独立鉴定。

4. 如果鉴定结果导致其对国家税务义务增加，则由投资者承担鉴定费用。

5. 政府规定本条的细则。

第46条 投资预案转让

1. 满足下列条件时，投资者有权向其他投资者转让全部或部分投资预案：

（1）投资预案或投资预案的转让部分没有被依照本法第48条1、2款规定终止实施；

（2）受让投资预案、部分投资预案的外国投资者应符合本法第24条第2款规定的条件；

（3）投资预案的转让附带转让土地及地上资产使用权的，要符合土地法律规定的条件；

（4）转让住宅建筑投资预案、不动产预案的，要符合住宅法、不动产经营法规定的条件；

（5）投资主张核准文件、投资登记证书或其他相关法律规定（若有）的条件；

（6）国有企业转让投资预案时，除了依本条规定执行外，在投资预案调整进行之前，有责任依照关于国有资金投资生产、经营的管理、使用法的规定执行。

2. 如果满足本条第 1 款规定的转让条件，转让全部或部分投资预案的手续如下：

（1）对于投资者依照本法第 29 条规定获得核准的投资预案及获核发投资登记证书的投资预案，投资者依照本法第 41 条规定办理投资预案调整手续；

（2）对于不属本款第（1）项规定情形的投资预案，转让投资预案或转让后的投资预案资产所有权相关事项依照民事、企业、不动产经营及其他相关法律的规定执行。

第 47 条　投资预案的停止实施

1. 投资者停止实施投资预案应以书面形式通知投资登记机关。如果因不可抗力原因停止实施投资预案的，则投资者在停止实施期间可获国家豁免土地租金、减少土地租金以克服不可抗力所造成的后果。

2. 在以下情形中，国家投资管理机关决定停止或部分停止投资预案的实施：

（1）依照文化遗产法规定保护国家遗迹、遗物、古物、宝物；

（2）依照国家环境管理机关的建议克服违反环保法律规定的行为；

（3）依照国家劳动管理机关的建议执行劳动安全保障措施；

（4）依照法院的判决书、决定书，仲裁裁决书；

（5）投资者不正确执行投资主张核准文件、投资登记证书的内容，且已遭行政处罚后继续违反的。

3. 如果投资预案实施事宜妨害或有妨害国防、国家安全的危险时，政府总理依据计划投资部的建议决定停止、部分停止投资预案的实施。

4. 政府对本条规定投资预案停止实施的条件、程序、手续、期限规定细则。

第 48 条　投资预案的终止实施

1. 在以下情形中，投资者可以终止投资、投资预案的实施：

（1）投资者决定终止实施投资预案；

（2）依照合同、公司章程所规定终止实施的条件；

（3）投资预案的实施期限届满。

2. 在以下情形中，投资登记机关终止或部分终止投资预案的实施：

（1）投资预案属本法第 47 条第 2 款、第 3 款规定情形之一，但投资者没有克服停止实施条件的能力；

（2）投资者不能继续使用投资地点且从不能继续使用投资地点之日起 6 个月内不办理投资地点调整手续，本款第（4）项规定情形除外；

（3）投资预案已停止实施且从停止实施之日起 12 个月的期限届满，投资登记机关无法与投资者或投资者的合法代表人取得联系；

（4）投资预案属于依照土地法律规定的因不投入使用土地、延迟投入使用土地等情形而被收回土地的；

（5）依法律规定属于保障实施的投资预案，投资者不缴纳保证金或没有提供保证金缴纳义务的担保；

（6）依民事法律规定投资者属伪造民事交易进行投资活动；

（7）依法院的判决、决定，仲裁裁决书。

3. 对属于核准投资主张的投资预案，投资登记机关在征得投资主张核准机关的意见后终止投资预案的实施。

4. 投资预案终止实施时，投资者依照资产清理法律的规定自行清理投资预案，本条第 5 款规定的情形除外。

5. 投资预案终止实施时，土地及地上资产使用权的处理依照土地法律规定及其他相关法律规定执行。

6. 投资登记机关决定收回依本条第 2 款规定终止实施投资预案的投资登记证书，终止实施部分投资预案的除外。

7. 政府对本条规定投资预案终止实施程序、手续规定细则。

第 49 条　BCC 合同中的外国投资者成立运行办公室

1. BCC 合同中的外国投资者可以在越南成立运行办公室以履行合同。运行办公室地点由 BCC 合同的外国投资者依合同履行的需求决定。

2. BCC 合同的外国投资者的运行办公室有印章，可开设账户、招聘劳动者、签订合同，并可依 BCC 合同及运行办公室的成立登记证书所规定权利与义务范围内进行各项经营活动。

3. BCC 合同的外国投资者在预计设立运行办公室所在地的投资登记机关提交运行办公室成立登记材料。

4. 运行办公室成立登记材料包括：

（1）运行办公室成立登记资料包括：BCC 合同的外国投资者在越南设立代表处（若有）的名称及地址；运行办公室名称、地址；运行办公室的内容、期限、活动范围；运行办公室负责人的姓名、居住地、身份证、公民身份卡或护照号码；

（2）BCC 合同的外国投资者关于运行办公室成立的决定书；

（3）运行办公室负责人任命决定书的副本；

（4）BCC 合同副本。

5. 自收到本条第 4 款规定的材料之日起 15 日内，投资登记机关给予 BCC 合同的外国投资者核发运行办公室活动登记证书。

第 50 条　终止 BCC 合同的外国投资者运行办公室活动

1. 自作出运行办公室终止活动决定书之日起 7 个工作日内，外国投资者向运行办公室设立所在地的投资登记机关提交通知文件。

2. 运行办公室终止活动通知文件包括：

（1）对于运行办公室提前终止活动的情形，运行办公室出具终止活动决定书；

（2）债权人名单及已偿还的债务数额；

（3）劳动者名单及已获解决的劳动者权益；

（4）税务机关对税务义务已完成事宜的确认书；

（5）社会保险机关对社会保险义务已完成事宜的确认书；

（6）运行办公室活动登记证书；

（7）投资登记证书副本；

（8）BCC 合同副本。

3. 在收到本条第 2 款规定的材料之日起 15 日内，投资登记机关决定收回运行办公室活动登记证书。

二、2020 年越南企业法节选

第 5 条　国家对企业与企业所有权人的保护

1. 国家承认本法所规定各企业类型的长期存在与发展；保障各类企业在法律面前平等，不分别所有制及经济成分；承认合法经营活动的盈利性。

2.国家承认并保护企业与企业所有权人的资产所有权、投资金、收益、其他合法权益。

3.企业与企业所有权人的合法资产及投资金不被以行政措施进行国有化、没收。在确有必要情况下国家征购或征用企业的资产时，则可依资产征购、征用的法律规定进行核算、赔偿。核算、赔偿事宜应确保企业的利益，并对不同类型的企业一视同仁。

第 11 条　企业的材料存档制度

1.企业根据其类型应存档以下各项资料：

（1）公司章程；公司的内部管理制度；成员登记簿或股东登记簿；

（2）工业产权保护认证文件；产品、货物、服务质量登记证明书；其他许可证及证明书；

（3）公司资产所有权的确认材料、文件；

（4）股东会、股东大会、董事会的表决票、监票记录、会议记录；企业的各项决定书；

（5）证券发售或上市的招股书；

（6）监事会的报告、稽查机关的结论、审计组织的结论；

（7）会计账簿、会计单据、年度财务报告。

2.企业应当在总部或公司章程规定的其他地点存档本条第 1款规定的各类资料；存档期限依照法律规定执行。

第 12 条　企业的法定代表人

1.企业的法定代表人是指代表企业履行企业交易产生的权利和义务的个人，代表企业在仲裁机构、法院以申请人、原告、被告、利害关系人的资格解决民事纠纷及实施法律规定的其他权利、义务。

2.有限责任公司及股份公司可有一名或多名法定代表人。公司章程具体规定企业法定代表人的人数、管理职位以及权利、义务。如公司法定代表人超过一名则公司章程具体规定每位法定代表人的权利、义务。如果公司章程未明确规定每位法定代表人的权利、义务时，则公司每位法定代表人对第三方都是企业权限充分的代表；所有法定代表人对企业造成的损失都应根据民事法律及其他相关法律规定负连带责任。

3.企业应保证至少有一名法定代表人居住在越南。当仅剩下一名法定代表人居住在越南时，如该人出境离开越南，则应以书面授权在越南居住的其他人实施法定代表人的权利和义务。对此情形，法定代表人仍应对已授权实施权利和义务的事项负责。

4.如果本条第3款规定授权期满而企业法定代表人仍未返回越南且无其他授权，则按以下规定执行：

（1）私人企业被授权人继续履行法定代表人的权利和义务，直至企业法定代表人返回企业工作为止；

（2）有限责任公司、股份公司、合名公司被授权人继续履行法定代表人的权利和义务，直至公司法定代表人返回公司工作或直至公司所有权人、股东会、董事会决定指派别人担任企业的法定代表人为止。

5.除本条第6款规定情形以外，对于仅剩下一名法定代表人的企业并且该法定代表人不在越南超过30日而不授权给其他人实施企业法定代表人的权利和义务，或死亡、失踪，正被追究刑事责任，被羁押，正执行徒刑，正在强制戒毒所、强制教育所执行行政处罚措施，被限制或丧失民事行为能力，意识、自主行为存在困难，被法院禁止担任某些特定职务、从事某些职业或工作，则公司所有权人、股东会、董事会指派其他人担任公司法定代表人。

6. 对于具有两名成员的有限责任公司，若个人成员担任公司法定代表人死亡、失踪，正被追究刑事责任，被羁押，正执行徒刑，正在强制戒毒所、强制教育所执行行政处罚措施，逃离居住地，被限制或丧失民事行为能力，存在认知和行为自主能力障碍，被法院禁止担任某些特定职务、从事某些职业或工作，则余下成员应当履行公司法定代表人职责直至股东会作出关于公司法定代表人的新决定。

7. 法院、有权进行诉讼的其他机关有权依照法律规定指定法定代表人参加诉讼。

第 13 条　企业法定代表人的责任

1. 企业法定代表人具有以下责任：

（1）诚实、谨慎、妥善地实施所交付给的权利和义务，保障企业的合法利益；

（2）忠实于企业利益，不滥用职权和地位，不利用企业的信息、商业秘密、商业机会或其他财产谋取私利或为其他组织和个人服务；

（3）依照本法规定，及时、准确地向企业报告自己或本人的相关人拥有控制权或股份、出资份额的企业。

2. 企业的法定代表人因违反本条第 1 款规定的责任给企业造成损失的，应承担个人责任。

第 14 条　公司所有权人、成员、股东为组织时的授权代表人

1. 对于公司所有权人、成员、股东为组织的，其授权代表人

须是获书面授权以该所有权人、成员、股东名义实施本法规定权利和义务的个人。

2. 如果公司章程无其他规定的，则委派授权代表人按以下规定执行：

（1）对于两成员以上有限责任公司成员持有注册资金至少在35%的组织可委派最多3名授权代表人；

（2）对于股份公司股东持有普通股份总数至少10%的组织可委派最多3名授权代表人。

3. 作为组织的公司所有权人、成员、股东委派多名授权代表人的，应给每位授权代表人确定具体出资份额、股份数量。如果公司所有权人、成员、股东不给每位授权代表人确定相应的出资份额、股份数量时，则出资份额、股份数量将平均分配给所有授权代表人。

4. 委派授权代表人的文件应通报公司，并且只有在公司收到文件之日起才对公司生效。委派授权代表人的文件应包含以下各主要内容：

（1）所有权人、成员、股东的企业名称、编码、总部地址；

（2）授权代表人人数及每位授权代表人的相应股份、出资份额比例；

（3）每位授权代表人的个人姓名、联系地址、国籍、合法证件编号；

（4）每位授权代表人的相应授权期限，其中要注明授权生效日期；

（5）所有权人、成员、股东的法定代表人与授权代表人的姓名、签字。

5. 授权代表人应具备以下各项标准与条件：

（1）非属于本法第 17 条第 2 款规定的对象；

（2）对属于本法第 88 条第 1 款第（2）项规定的国有企业的成员、股东不得委派与公司管理人及有权任命公司管理人具有家庭关系的人担任其他公司的代表人；

（3）公司章程规定的其他标准与条件。

第 15 条　公司所有权人、成员、股东是组织的授权代表人的责任

1. 授权代表人以公司所有权人、成员、股东名义按本法规定实施所有权人、成员、股东在股东会、股东大会的权利和义务。所有权人、成员、股东对授权代表人在股东会、股东大会实施公司所有权人、成员、股东相应权利和义务的各项限制对第三方均无法律效力。

2. 授权代表人有责任出席股东会、股东大会的所有会议；诚实、谨慎、妥善地实施获授权的权利和义务，维护委派代表的所有权人、成员、股东的合法利益。

3. 授权代表人对委派代表的所有权人、成员、股东负责。委派代表的所有权人、成员、股东就通过授权代表人实施权利和义务所产生的相关责任对第三方负责。

第 16 条　被禁止的行为

1. 核发或拒绝核发企业登记证书时要求企业成立人多提交违反本法规定的其他文件；对企业成立人与企业经营活动造成迟缓、困扰、阻碍、欺诈的。

2. 阻止企业所有权人、成员、股东履行本法与公司章程规定的权利和义务。

3. 无登记却以企业形式从事经营活动或企业登记证书被收回后或企业正被暂停经营活动而继续经营。

4. 企业登记资料内容与企业变更登记的材料内容申报不真实、不正确。

5. 虚报注册资本，未按注册金额足额出资；故意将出资财产估值高于实际价值。

6. 从事禁止投资经营的行业领域；外国投资人经营不给准入市场的行业领域；未充分具备法律所规定的经营条件而经营有条件限制投资经营的行业领域或在整个经营过程无法保证充分维持投资经营条件的。

7. 欺诈、洗钱、资助恐怖活动。

第 20 条 合名公司登记材料

1. 企业登记申请书。

2. 公司章程。

3. 成员名单。

4. 成员的个人合法证件副本。

5. 依投资法规定对于外国投资人所要求的投资登记证书副本。

第 21 条 有限责任公司登记材料

1. 企业登记申请书。

2. 公司章程。

3. 成员名单。

4. 下列文件副本：

（1）个人成员、法定代表人的个人合法证件；

（2）成员是组织的组织合法证件及委派授权代表人的文件；成员组织的授权代表人的个人合法证件；

（3）对于是外国组织的成员，则组织的合法证件副本应获外交认证；

（4）依投资法规定对于外国投资人的投资登记证书。

第 22 条　股份公司登记材料

1.公司登记申请书。

2.公司章程。

3.创始股东名单；对于股东是外国投资人的名单。

4.下列文件副本：

（1）创始股东及对于是个人的外国投资人股东、法定代表人的个人合法证件；

（2）对于是组织的股东的组织合法证件及委派授权代表人的文件；对于是组织的创始股东及外国投资人股东授权代表人的个人合法证件；

（3）对于是外国组织的股东，则组织的合法证件副本应获外交部门认证；

（4）依投资法规定对于外国投资人所要求的投资登记证书。

第 23 条　企业登记申请书的内容

企业登记申请书包括以下主要内容：

1.企业名称；

2.企业总部地址、电话号码；传真号码、电子邮件（若有）；

3.行业领域；

4.注册资金；私人企业所有权人的投资金；

5.股份公司的各种股份、每种股份的面额及获准发售的股份总数；

6.税务登记信息；

7. 预计劳动者人数；

8. 私人企业所有权人与合名公司合名成员的个人姓名、签字、联系地址、国籍、合法证件信息；

9. 有限责任公司、股份公司法定代表人的个人姓名、签字、联系地址、国籍、合法证件信息。

第 24 条　公司章程

1. 公司章程包括企业登记时的章程及经营过程中获修改、补充的章程。

2. 公司章程包括以下各主要内容：

（1）公司名称、总部地址；分公司及代表办事处（若有）的名称、地址；

（2）行业领域；

（3）注册资金；股份公司的股份总数、股份种类以及每种股份的面额；

（4）合名公司合名成员，有限责任公司所有权人、成员，股份公司创始股东的姓名、联系地址、国籍。有限责任公司与合名公司每成员的出资份额及投资金价值。股份公司创始股东的股份数量、种类及每种股份的面额；

（5）有限责任公司、合名公司成员，股份公司股东的权利和义务；

（6）组织管理架构；

（7）企业法定代表人的人数、管理职务以及权利、义务；公司法定代表人多于一位时对法定代表人权利和义务的划分；

（8）公司决定通过方式；内部纠纷解决原则；

（9）管理人与监事工资、酬劳、奖金的依据及确定方法；

（10）成员、股东有权要求公司回购有限责任公司出资份额或股份公司股份的情形；

（11）税后盈利分配及经营亏损处理的原则；

（12）公司解散情形、解散程序及资产清理手续；

（13）公司章程的修改、补充方式。

3. 企业登记时的公司章程应包含以下人员的姓名与签字：

（1）合名公司的合名成员；

（2）一成员有限责任公司所有权的个人或所有权人为组织的法定代表人；

（3）两成员以上有限责任公司的个人成员及单位成员的法定代表人或授权代表人；

（4）股份公司的个人创始股东及单位创始股东的法定代表人或授权代表人。

4. 获修改、补充的公司章程应包含以下人员的姓名与签字：

（1）合名公司的股东会主席；

（2）一成员有限责任公司的所有权人、所有权人的法定代表人或一成员有限责任公司法定代表人；

（3）两成员以上有限责任公司及股份公司的法定代表人。

第 26 条　企业登记程序、手续

1. 企业成立人或被授权人依照以下方式向经营登记机关办理企业登记：

（1）直接在经营登记机关进行企业登记；

（2）通过邮政服务进行企业登记；

（3）通过电子信息网进行企业登记。

2. 通过电子信息网进行企业登记是指企业成立人在关于企业

登记的国家信息网站上通过电子信息网提交企业登记资料。通过电子信息网进行企业登记的材料包含本法规定并以电子文件形式体现的材料。通过电子信息网进行企业登记的材料具有与纸质版企业登记材料的同等合法价值。

3. 组织、个人有权依照电子交易的法律规定选择使用数字签名或通过电子信息网使用经营登记账户以进行企业登记。

4. 经营登记账户是指由于企业登记的国家信息系统创建、核发给个人以通过电子信息网办理企业登记的账户。获核发经营登记账户的个人对为获核发而登记的事项及使用经营登记账户以通过电子信息网进行的企业登记承担法律责任。

5. 自收件之日起 3 个工作日内，经营登记机关有责任审查企业登记申报资料的合格性并核发企业登记证书；若申报材料不合格，经营登记机关应以书面形式通知企业成立人需修改、补充的内容。如果拒绝核发企业登记证书时则应以书面形式通知企业成立人并说明理由。

6. 政府规定企业登记的材料、程序、手续及联动流程。

第 27 条　企业登记证书的核发

1. 当充分具备下列条件时，企业获核发企业登记证书：

（1）所登记的行业领域没有被禁止投资经营；

（2）企业名称依据本法第 37 条、第 38 条、第 39 条、第 41 条规定命名；

（3）具有合格的企业登记申报材料；

（4）依据费用与规费的法律规定全额缴付企业登记规费。

2. 如果企业登记证书被遗失、损坏或其他形式销毁，企业可获重发企业登记证书并且应按法律规定缴付规费。

第 28 条　企业登记证书的内容

企业登记证书包括以下主要内容：

1. 企业名称与企业编码。

2. 企业的总部地址。

3. 有限责任公司与股份公司法定代表人、合名公司合名成员、私人企业所有权人的个人姓名、联系地址、国籍、合法证件编号。有限责任公司个人成员的个人姓名、联系地址、国籍、合法证件编号，单位成员的企业名称、编码及总部地址。

4. 公司的注册资金、私人企业的投资金。

第 29 条　企业编码

1. 企业编码是指由关于企业登记的国家信息系统创建，在企业成立时核发给企业并载于企业登记证书上的序列数字。每个企业具有唯一编码且不得核发给其他企业重复使用。

2. 企业编码用于实施税务义务、行政手续及其他权利、义务。

第 30 条　企业登记证书内容变更登记

1. 依本法第 28 条规定，当企业变更企业登记证书内容时，应向经营登记机关登记。

2. 自变更之日起 10 日内，企业负责通报企业登记证书变更的内容。

3. 自收件之日起 3 个工作日内，经营登记机关有责任审查材料的合格性并核发新的企业登记证书；如果材料不合格，经营登记机关应以书面形式通知企业需修改、补充的内容。如果拒绝核发新的企业登记证书则应书面通知企业并说明理由。

4. 依据法院或仲裁的决定书变更企业登记证书内容按以下程序、手续执行：

（1）企业登记证书内容变更登记申请人自法院的判决书或决定书、具有法律效力或仲裁的裁决书生效之日起 15 日内向有权经营登记机关提交变更登记申请书，并附登记材料应包含法院已具有法律效力的判决书、决定书或仲裁生效的裁决书副本；

（2）自收到本款第（1）项规定的登记申请书之日起 3 个工作日内，经营登记机关有责任根据已具有法律效力的判决书、决定书或仲裁生效裁决书的内容审查并核发新企业登记证书；如果材料不合格，经营登记机关应书面通知变更登记申请人需修改、补充的内容。如果拒绝核发新的企业登记证书则应书面通知变更登记申请人并说明理由。

5. 政府规定企业登记证书内容变更登记的材料、程序、手续。

第 31 条　企业登记内容变更通知

1. 当变更以下内容之一时，企业应通知经营登记机关：

（1）行业领域；

（2）股份公司创始股东及外国投资人股东，上市公司除外；

（3）企业登记材料的其他内容。

2. 自变更之日起 10 日内，企业负责通报企业登记变更内容。

3. 股份公司应自公司股东登记簿上所登记的外国投资人股东变更之日起 10 日内书面向总部设立所在地的经营登记机关通报。通报书应包含以下内容：

（1）企业名称、编码、总部地址；

（2）对于外国投资人的股东转让股份：单位股东的名称、总部地址，个人股东的姓名、国籍、联系地址，其在公司原有的股份数量、股份种类及持股比例；所转让的股份数量及种类；

（3）对于外国投资人的股东受让股份：单位股东的名称、总部地址；个人股东的姓名、国籍、联系地址；受让股份的数量及种类；其在公司的股份数量、种类及相应持股比例；

（4）公司法定代表人的姓名、签字。

4. 自收到通知书之日起 3 个工作日内，经营登记机关有责任审查合格性并进行变更企业登记内容；如果材料不合格，经营登记机关应书面通知企业须修改、补充的内容。如果拒绝按企业登记变更通知内容的信息修改、补充则应书面通知企业并说明理由。

5. 依据法院或仲裁的决定书通知，企业登记内容变更按以下程序、手续执行：

（1）企业登记内容变更申请的组织、个人自法院的判决书、决定书具有法律效力或仲裁的裁决书生效之日起 10 日内向有权经营登记机关提交登记内容变更通知书，并附通知书应包含法院具有法律效力的判决书、决定书或仲裁生效的裁决书副本；

（2）自收到通知书之日起 3 个工作日内，经营登记机关有责任依照法院具有法律效力的判决书、决定书或仲裁生效的裁决书内容审查并进行变更企业登记内容；如果材料不合格，经营登记机关应书面通知变更登记申请人须修改、补充的内容。如果拒绝按企业登记变更通知内容进行修改、补充的，则应书面形式通知变更登记申请人并说明理由。

第 34 条　出资财产

1. 出资财产是越盾，自由兑换的外币，黄金，土地使用权，智慧、科技、技术秘密产权，及可以越盾定价的其他资产。

2. 对于本条第 1 款规定的资产，只有合法持有或具有合法使用权的个人、组织才有权依照法律规定使用该资产出资。

第 36 条　出资财产定价

1. 非为越盾、自由兑换外币、黄金的出资财产应由各成员、创始股东或价格鉴定组织定价并以越盾体现。

2. 企业成立时的出资财产应由各成员、创始股东于一致原则下定价或由价格鉴定组织定价。通过价格鉴定组织定价的情形则应获出资财产价值 50% 以上的成员、创始股东同意。

如果于出资时的财产定价高于该财产的实际价值，则各成员、创始股东于定价结束时共同对补足出资财产定价与实际价值差额负连带责任，同时对故意定价出资财产高于实际价值所造成损失负连带责任。

3. 经营过程中的出资财产由有限责任公司与合名公司所有权人、股东会，股份公司董事会以及出资人协商定价或由价格鉴定组织定价。如果由价格鉴定组织定价出资财产的价值，则应获出资人、所有权人、股东会或董事会同意。

如果出资时的财产定价高于该财产的实际价值，则出资人、有限责任公司与合名公司的所有权人、股东会成员、股份公司的董事会成员于定价结束时共同补足出资财产定价与实际价值的差额，同时对故意定价出资财产高于实际价值所造成损失负连带责任。

第 42 条　企业总部

企业总部设置于越南领土上，作为企业的联系地址并可依行政单位地界确定，有电话号码、传真号码及电子邮箱（若有）。

第 43 条　企业印章

1. 印章包括在刻章机构制作的实体印章或根据电子交易法律规定的数字签名形式的印章。

2. 企业决定企业、分公司、代表办事处及企业其他单位的印章类别、数量、形式及内容。

3. 印章管理与保管事宜依公司章程规定或由持印章的企业、分公司、代表办事处或企业其他单位颁行的规章制度执行。企业依照法律规定在各类交易中使用印章。

第 46 条　两成员以上的有限责任公司

1. 两成员以上的有限责任公司是指具有 2 至 50 名个人或单位股东成员的企业，股东成员在其投资金范围内对出资企业各项债务及其他资产义务负责任，本法第 47 条 4 款规定的情形除外。股东成员的出资份额仅能依本法第 51 条、第 52 条、第 53 条规定转让。

2. 两成员以上的有限责任公司自获核发企业登记证书之日起具有法人资格。

3. 两成员以上的有限责任公司不得发行股份，为了转为股份公司的情形除外。

4. 两成员以上的有限责任公司可依照本法及其他相关法律规定发行债券；单独发行债券事宜应遵守本法第 128 条、第 129 条的规定。

第 47 条　出资成立公司并颁发出资证书

1. 两名成员以上的有限责任公司登记成立企业时的注册资本是各股东成员承诺出资并写入公司章程的出资总额。

2. 股东成员应自获颁发企业登记证书之日起 90 日内，按照在企业运行登记时所承诺向公司如数如类出资财产，不含所出资财产运输、进口，资产所有权转让行政手续办理的时间。在此期间，成员享有与承诺出资比例相对应的权利和义务。只有在其他 50%

以上的成员同意的情况下，公司成员才能以承诺资产以外的资产类别向公司出资。

3. 在本条第 2 款规定的期限后，仍有未出资或未全额出资的成员应按以下方式处理：

（1）未依承诺出资的成员当然视为不再是公司的股东成员；

（2）未全额出资所承诺出资投资金的股东成员具有相应已出资投资金比例的股权；

（3）股东成员未出资的投资金部分可依股东会的决议书、决定书发售。

4. 如果有股东成员未依所承诺的出资或未全额出资，公司应依本条第 2 款规定自应全额出资投资金最后一日起 30 日内依照已出资的投资金登记相等注册资金、各股东成员出资份额比例的变更。未依所承诺的出资或未全额出资的股东成员，在公司登记注册资金及股东成员出资份额比例变更日之前，应按其所承诺出资的投资金比例对公司所产生的各项财务义务负相应的责任。

5. 除本条第 2 款另有规定外，出资人自出资支付之日起成为公司股东成员，本法第 48 条第 2 款第（2）项、第（3）项、第（4）项规定的出资人信息完整记录在股东成员登记簿上。在全额出资时，公司必须向其成员颁发与其出资价值相称的出资证书。

6. 出资证书应包括以下主要内容：

（1）公司名称、编码、总部地址；

（2）公司的注册资金；

（3）个人股东成员的个人姓名、联系地址、国籍、合法证件编号，单位股东成员的组织名称、企业编码或合法证件编号、总部地址；

（4）股东成员的出资额、出资份额比例；

（5）出资证书的编号与颁发日期；

（6）公司法定代表人的姓名、签字。

7. 如果出资证书被遗失、被损坏或其他形式销毁，股东成员或公司依照公司章程规定的程序、手续重新核发出资证书。

第48条　股东成员登记簿

1. 公司应于获核发企业登记证书后即时制作股东成员登记簿。股东成员登记簿可为记载公司各股东成员出资份额持有信息的纸质文件或电子资料集。

2. 股东成员登记簿应包含以下各主要内容：

（1）公司名称、编码、总部地址；

（2）个人股东成员的个人姓名、联系地址、国籍、合法证件编号，单位股东成员的组织名称、企业编码或合法证件编号、总部地址；

（3）每股东成员的出资份额、已出资的投资金比例、出资时间、出资财产种类以及每种出资财产的数量、价值；

（4）个人股东成员、单位股东成员的法定代表人的签字；

（5）每股东成员出资证书的编号及颁发日期。

3. 公司应按照公司章程规定，依相关股东成员的要求对股东成员的变更事项，及时更新股东成员登记簿。

4. 股东成员登记簿存档于公司总部。

第49条　股东会成员的权利

1. 股东会成员具有以下各项权利：

（1）出席股东会会议，讨论、建议、表决属于股东会权限的问题；

（2）具有与出资份额相应的表决票数，本法第 47 条第 2 款规定的情形除外；

（3）当公司已依法律规定缴足税金并完成其他财务义务后，可获分配相应出资份额的利润；

（4）当公司解散或破产时，可获分配相应出资份额的公司剩余资产价值；

（5）当公司增加注册资金时，可优先向公司增资；

（6）通过依法律及公司章程规定部分或全部转让、赠送及其他形式处分自己所出资份额；

（7）依照本法第 72 条规定以本人或公司名义对股东会主席、经理或总经理、法定代表人及其他管理人提起民事责任的诉讼；

（8）依照本法及公司章程规定的其他权利。

2. 除本条第 1 款规定各权利以外，持有注册资金 10% 以上，或由公司章程规定某个较小比例，或属本条第 3 款规定情形的股东成员、集体股东成员，具有以下各项权利：

（1）要求召集股东会会议以解决权限范围内事务；

（2）检查、审查、查询记录簿并跟进各项交易、会计账簿、年度财务报告；

（3）检查、审查、查询并复制股东成员登记簿、股东会会议记录、决议书、决定书以及公司其他资料；

（4）如果股东会会议的程序、手续、条件或该决议书、决定书内容不按照或不符合本法与公司章程的规定，自会议结束之日起 90 日内要求法院撤销股东会的决议书、决定书。

3. 如果公司具有一名持有注册资金 90% 以上的股东成员，并且公司章程没有依照本条第 2 款规定某个较小比例，则其余股东成员集体当然具有本条第 2 款规定的权利。

第 50 条　股东会成员的义务

1. 依所承诺的投资金如数、如期出资，在出资的投资金范围内对公司各项债务及其他资产义务负责；本法第 47 条第 2 及第 4 款规定的情形除外。

2. 不得以任何形式提取已向公司出资的投资金，本法第 51 条、第 52 条、第 53 条、第 68 条规定的情形除外。

3. 遵守公司章程。

4. 执行股东会议的决议书、决定书。

5. 以公司名义进行下列行为时应承担个人责任：

（1）违反法律；

（2）非为公司利益服务进行其他经营或交易并且对其他人造成损失；

（3）在公司财务危机可能发生的情形下提前偿付未到期的债务。

6. 依本法规定的其他义务。

第 52 条　出资份额转让

1. 除本法第 51 条第 4 款及第 53 条第 6 款、第 7 款规定情形以外，两名股东成员及以上有限责任公司的股东成员有权依照下列规定向其他人转让其部分或全部出资份额：

（1）以同等出售条件将该出资份额按照其在公司中的出资比例出售给其他成员；

（2）自出售日起 30 日内若公司其余股东成员未购买或未完全购买时，可按本款第（1）项规定对其余股东成员的同等出售条件向非为股东成员转让。

2.转让成员在转让完成前仍对公司享有与相关出资份额相对应的权利和义务，直到按本法第48条第2款第（2）项、第（3）项、第（4）项规定将收购人的信息完整登记在股东成员登记簿上。

3.如果转让或变更股东成员的出资份额导致公司仅剩一名股东成员时，则公司应以一成员有限责任公司的类型组织管理，并自转让完成之日起15日内办理企业登记变更事宜。

第54条　公司组织管理架构

1.两成员以上有限责任公司设有股东会、股东会主席、经理或总经理。

2.两成员以上有限责任公司系本法第88条第1款第（2）项规定的国有企业及本法第88条第1款规定的国有企业的子公司的，应成立监事会；其他情形由公司决定。

3.公司应有至少一名担任股东会主席或经理或总经理职务之一的法定代表人。如果公司章程无规定，则股东会主席是公司的法定代表人。

第59条　股东会的决议、决定

1.股东会以会议表决、书面征询意见或公司章程规定的其他形式通过其权限范围内的决议、决定。

2.如果公司章程无其他规定，则下列问题的决议、决定应通过股东会会议表决：

（1）公司章程内容修改、补充；

（2）公司发展方向决定；

（3）股东会主席的推选、免任、罢免；经理或总经理的任命、免任、罢免；

（4）年度财务报告通过；

（5）公司重组、解散。

3. 如果公司章程无其他比例规定，下列情形的股东会决议、决定可获会议通过：

（1）获持有所有出席股东成员出资份额总数 65% 以上的与会股东成员赞成，但本款第（2）项规定的情形除外；

（2）决定出售价值在最近一期财务报告中记录的公司总资产 50% 以上或公司章程规定某个较小比例或价值资产的决议、决定，修改、补充公司章程，重组或解散公司的，须获持有所有出席股东成员出资份额总数的 75% 以上的与会股东成员赞成。

4. 下列情形视为股东成员在股东会会议上出席并表决：

（1）直接在会议上出席并表决；

（2）授权其他人在会议上出席并表决；

（3）通过线上会议、电子投票或其他电子形式出席并表决；

（4）通过邮递、传真、电子邮件将表决票发至会议。

5. 当获持有注册资金 65% 以上的股东成员赞成时，股东会的决议、决定以书面征询意见的形式通过；具体比例由公司章程规定。

第 69 条　利润分配的条件

公司仅能在已依法律规定完成税务义务及其他财务义务后给各股东成员分配利润，确保利润分配后，各项债务及其他财产义务到期时能足额偿付。

第 74 条　一成员有限责任公司

1. 一成员有限责任公司是指由一个组织或个人作为所有权人的企业。公司所有权人在公司注册资金范围内对公司各项债务及其他资产义务负责。

2. 一成员有限责任公司自获核发企业登记证书之日起具有法人资格。

3. 一成员有限责任公司不得发行股份，转型成为股份公司的情形除外。

4. 一成员有限责任公司可依本法及其他相关法律规定发行债券；单独发行债券事宜依本法第 128 条、第 129 条规定执行。

第 75 条　出资成立公司

1. 一成员有限责任公司登记成立企业时的注册资金是指公司所有权人承诺出资并记录于公司章程的资产总值。

2. 公司所有权人应自获核发企业登记证书之日起 90 日内依登记成立企业时所承诺的出资额向公司如数、如类出资，不含所出资财产运输、进口，资产所有权转让行政手续办理的时间。在此期限内，公司所有权人享有相应已承诺出资份额的权利和义务。

3. 如果未依本条第 2 款规定的限期足额出资注册资金，公司所有权人自应足额出资注册资金最后一日起 30 日内办理与已出资投资金价值相等的注册资金变更登记。对于这种情形，公司所有权人应对其在依本款规定办理注册资金变更日之前所产生的公司财务义务负相应已承诺出资额的责任。

4. 公司所有权人不遵照本条规定出资、不全额出资、不按照期限出资注册资金的，以自己所有资产对公司各项财务义务和所造成的损失负责。

第 111 条　股份公司

1. 股份公司是指具有以下特征的企业：

（1）注册资本分为等额股份；

（2）股东可以是组织或个人，至少为3人，没有最大人数限制；

（3）股东仅在其出资范围内对公司债务和其他财产义务负责；

（4）股东有权自由转让其股份给他人，除非本法第120条第3款和第127条第1款另有规定。

2. 股份公司自获核发企业登记证书之日起具有法人资格。

3. 股份公司有权发行股票、债券及其他证券。

第112条　股份公司的资本

1. 股份公司的注册资金是指已出售各种股份的总面额。在登记成立企业时，股份公司的注册资金是指已获登记购买并记载在公司章程的各种股份总面额。

2. 已售股份是指股东已全额支付给公司的可发行股份。在登记成立企业时，已售股份是所有已登记购买的各类股份的总和。

3. 公司股份有限公司有权发行的股份是股东大会决定为筹集资金而发行的各种股份总数。在登记成立企业时，有权发行的股份包括已登记购买和未登记购买的股份。

4. 未出售的股份是指获准发售而未向公司结算的股份。在登记成立企业时，未出售的股份是指未获登记购买的各种股份总数。

5. 公司可在下列情形下减少注册资金：

（1）公司自登记成立企业之日起已连续经营2年以上，可根据股东大会的决定，公司按照股东在公司所持股比例向其退还一部分出资金并且保障在退还给股东后能足额偿付各项债务及其他资产义务；

（2）公司依照本法第132条及第133条规定回购已出售的股份；

（3）各股东未按本法第 113 条的规定如期足额缴纳注册资金。

第 137 条　股份公司的组织管理架构

1. 除非证券法规另有其他规定，股份公司有权选择以下两种模式之一进行组织管理与经营：

（1）股东大会、董事会、监事会及经理或总经理。如果股份公司有 11 名股东以下，并且各股东为持有公司股份总数 50% 以下的组织则无必要设立监事会。

（2）股东大会、董事会及经理或总经理。在这种情况下，至少 20% 的董事会成员必须是独立董事，并且董事会下设审计委员会。审计委员会的组织结构、职能和职责在公司章程或由董事会制定的审计委员会工作规则中规定。

2. 如果公司仅有一名法定代表人则董事长或经理或总经理是公司法定代表人。如果公司章程尚未规定，则董事长是公司法定代表人。如果公司有一名以上法定代表人，则董事长及经理或总经理当然是公司法定代表人。

第 139 条　股东大会会议

1. 股东大会的年度大会每年召开一次。除年度大会外，股东大会还可召开临时会议。股东大会的会议地点由主持会议的主席确定，并且必须在越南境内。

2. 年度股东大会必须在财政年度结束后的四个月内召开。除非公司章程另有规定，董事会可以在必要时决定延期召开年度股东大会，但不得超过财政年度结束后的六个月。

3. 股东大会的年度大会讨论并通过以下问题：

（1）公司的每年经营计划；

（2）年度财务报告；

（3）董事会关于公司治理和董事会及其每位成员表现的报告；

（4）监事会对公司经营结果，董事会、经理或总经理经营结果报告；

（5）监事会与监事自我评估经营结果报告；

（6）每一种类股份的股息；

（7）属于权限内的其他问题。

第 153 条　董事会

1. 董事会是公司管理机关，具有全权以公司名义决定、执行公司的权利和义务，但属股东大会权限的权利和义务除外。

2. 董事会具有如下权利和义务：

（1）决定公司战略、中期发展计划及年度经营计划；

（2）建议股份种类及每一种获准发售的股份总数；

（3）在每一种获准发售的股份范围内对未出售的股份作出出售决定；以其他形式对资本增募作出决定；

（4）决定公司股份与债券的售价；

（5）依照本法第 133 条第 1 款及第 2 款规定对股份回购作出决定；

（6）依照法律规定在权限范围内对投资方案与投资预案作出决定；

（7）决定市场发展、营销和技术的解决方案；

（8）通过价值为公司最近财务报告上所列资产总值 35% 以上的购买、出售、贷款、借款合同及其他合同、交易，公司章程另规定其他比例或价值，及依本法第 138 条第 2 款第（4）项及第 167 条第 1 款及第 3 款规定属于股东大会决定权限的合同、交易除外；

（9）董事长的推选、免任、罢免；对经理或总经理及由公司章程规定其他重要管理人员的免任、签约、终止合同，并决定其工资、酬劳、奖金及其他福利；指派授权代表人参与其他公司的股东会或股东大会，决定这些代表人的酬劳及其他权利；

（10）监督、指导经理或总经理及其他管理人对公司日常业务经营；

（11）公决定司组织架构、内部管理规章制度，决定子公司、分公司、代表办事处成立及向其他企业出资、购买股份事宜；

（12）审核股东大会会议的议程和材料内容，召集股东大会或征求股东大会意见通过决议；

（13）向股东大会提交年度财务报告；

（14）提议股息分红额度；决定股息分红时间和程序或处理经营过程中产生的亏损；

（15）建议公司重组、解散；申请公司破产；

（16）本法与公司章程规定的其他权利和义务。

3. 董事会以在会议上表决或以书面征询意见或由公司章程规定的其他形式通过决议、决定。每位董事会成员有 1 张表决权票。

4. 由于董事会违法，违反股东大会决议、公司章程通过的决议、决定造成公司损失的，则由赞成通过该决议、决定的成员共同承担个人连带责任，并应向公司赔偿损失；反对通过上述决议、决定的成员得以免除责任。在此情形下，公司股东有权要求法院终止执行或撤销上述决议、决定。

第 154 条　董事会成员的任期及人数

1. 董事会有成员 3 ～ 11 名。公司章程具体规定董事会成员人数。

2. 董事会成员的任期不超过 5 年，并可以无限期连任。个人在同一家公司担任独立董事会成员的，连续任期不得超过两届。

3. 如果董事会所有成员一起结束任期，则这些成员继续担任董事会成员直至选出新成员代替并接管工作，公司章程另有其他规定除外。

4. 公司章程具体规定独立董事人数、权利、义务、组织及配合活动方式。

第 156 条　董事长

1. 董事长由董事会在董事会各成员中选出、免任、罢免。

2. 根据本法第八十八条第 1 款第（2）项规定的上市公司和股份有限公司的董事长不得兼任总经理或首席执行官。

3. 董事长具有下列权利和义务：

（1）制定董事会的议程、工作计划；

（2）准备会议的议程、内容、资料；召集并主持董事会会议；

（3）组织董事会决议、决定的通过事宜；

（4）监督董事会各项决议、决定的组织执行过程；

（5）主持股东大会会议；

（6）本法与公司章程规定的其他权利和义务。

4. 如果董事长缺席或无法履行职责，必须书面授权另一名成员按照公司章程的规定代行董事长的权力和义务。如果没有人被授权，或者董事长死亡、失踪、被羁押、正在服刑、在强制戒毒所或强制教育机构接受处理、逃离居住地、被限制或丧失民事行为能力，存在认知和行为自主能力障碍、被法院禁止担任某些职务、从事某些职业和工作，则剩余成员应根据剩余成员的多数同意原则选举一名成员担任董事长，直到董事会作出新的决定。

5. 必要时，董事会可以决定任命公司秘书。公司秘书具有如下权利和义务：

（1）协助召集组织股东大会、董事会会议；摘抄各会议记录；

（2）协助董事会成员履行所获交付的权利和义务；

（3）协助董事会实施和执行公司治理原则；

（4）协助公司在建立股东关系和保护股东合法权益方面的工作，包括遵守信息披露、信息公开和行政程序的义务；

（5）根据公司章程规定的其他权利和义务。

第 168 条　监事会

1. 监事会有监事 3～5 名。监事的任期不超过 5 年并可无限期连任。

2. 监事长由监事会在监事中推选；推选、免任、罢免监事按照多数原则。监事长的权利和义务由公司章程规定。监事会过半监事应长住在越南。监事长应具有属于经济、金融、会计、审计、法律、管理专业之一或与企业经营业务相关专业的大学以上毕业文凭，公司章程另规定其他更高的标准除外。

3. 如果现任监事的任期同时结束而新任监事尚未选出，则已届满的监事将继续履行其权利和义务，直到新任监事被选出并就职。

第 177 条　合名公司

1. 合名公司作为企业，其中：

（1）必须有至少 2 名成员是公司的共同所有权人，在同一名称下共同经营（以下称作合名成员）。除各合名成员外，公司可另增加出资成员；

（2）合名成员必须是个人，以其全部财产对公司各项义务负责；

（3）出资成员是组织、个人并仅在已向公司承诺出资的投资金范围内对公司各项债务负责。

2. 合名公司自获核发企业登记证书之日起具有法人资格。

3. 合名公司不得发行任何证券。

第 207 条　企业解散的情形与条件

1. 在下列情形中企业被解散：

（1）公司章程所列的经营期限结束而无延期的决定；

（2）依据私人企业的所有权人，合名公司的成员委员会，有限责任公司的股东会、公司所有权人，股份公司的股东大会的决议书、决定书；

（3）连续 6 个月内公司不符合本法规定的最少成员人数而不办理企业类型转型的手续；

（4）企业登记证书被收回，税务管理法另有其他规定的除外。

2. 企业只有确保完全付清各项债务、其他资产义务且无处于法院或仲裁的纠纷解决过程中方可解散。本条第 1 款第（4）项规定的相关管理人员及企业共同对企业各项债务负连带责任。

第 208 条　企业解散程序、手续

本法第 207 条第 1 款第（1）项、第（2）项、第（3）项规定的企业解散事宜可按以下规定办理：

1. 通过企业解散的决议、决定。企业解散的决议书、决定书应包含以下各主要内容：

（1）企业名称、总部地址；

（2）解散理由；

（3）企业合同清理与各项债务偿付的期限、手续；

（4）劳动合同所产生各项义务的处理方案；

（5）私人企业所有权人、公司所有权人、股东会主席、董事会董事长的姓名、签字。

2. 私人企业所有权人、股东会或公司所有权人、董事会直接组织清理企业资产，公司章程规定另成立清理组织的除外。

3. 自通过之日起 7 个工作日内，解散决议书、决定书及会议记录应发至经营登记机关、税务机关、企业员工。解散决议书、决定书应刊登在关于企业登记的国家信息网站上并公开张贴于企业总部、分公司、代表办事处。

如果企业尚剩未偿付的财务义务则应并附解散决议书、决定书及债务解决方案发至各债权人，具有相关权利、义务及利益者。债务解决方案应有债权人的姓名、地址；债务金额、债务偿付期限、地点及方式；债权人申诉解决的方式及期限。

4. 经营登记机关一收到企业的解散决议书、决定书后，就应在关于企业登记的国家信息网站上公告企业正在办理解散手续的信息。公告附件应刊登解散决议书、决定书及债务解决方案（若有）。

5. 企业的债务按照以下优先顺序清偿：

（1）法律规定的工资、离职补助、社会保险、医疗保险、失业保险以及根据集体劳动合同和已签订的劳动合同享有的其他劳动权益；

（2）税款；

（3）其他债务。

6. 已偿付企业解散费及各项债务后，其余部分依出资份额、股份持有比例分配给私人企业所有权人、各成员、股东或公司所有权人。

7. 企业的法定代表人自完全付清企业各项债务之日起 5 个工作日内向经营登记机关提交企业解散资料。

8. 自收到本条第 3 款规定解散决议书、决定书之日起 180 日后，且未收到相关方书面关于企业解散或反对的意见，或自收到解散资料之日起 5 个工作日内，经营登记机关在关于企业登记的国家资料库上更新企业的法律状态。

9. 政府规定企业解散程序、手续的细则。

三、2019 年越南税务管理法节选

第 30 条　税务登记和税务代码核发对象

1. 纳税人开始从事生产、经营活动或发生国家财政纳税义务之前，必须办理税务登记并取得税务机关核发的税务代码。税务登记对象包括：

（1）企业、组织、个人依照企业法和其他相关法规在企业登记、合作社登记、营业登记的同时，办理一站式税务登记。

（2）非本款第（1）项规定的组织、个人依照财政部部长颁行的规定，直接向税务机关办理税务登记。

2. 税务代码的结构规定如下：

（1）10 位数税务代码适用于具有法人资格的企业、组织，以及家庭户代表、经营户和其他个人。

（2）13 位数的税务代码适用于附属单位和其他对象。

（3）由财政部部长制定本款细则。

3. 核发税务代码规定如下：

（1）企业、经济组织和其他组织自登记税务时起、至税务代码失效时止的整个营业过程中，取得唯一一组税务代码。纳税人的分公司、代表办公室、附属单位等直接行使其纳税义务者，取得附属税务代码。企业、组织、分公司、代表办公室、附属单位办理一站式税务登记时，其企业登记证明书、合作社登记证明书、营业登记证明书上的代码，同时为其税务代码。

（2）个人在其一生中只能获得唯一一组税务代码。个人的家属也会获得纳税人代码，以便为个人所得税申报人减免家庭负担。当家属产生国家财政义务时，家属的纳税代码同时作为其个人的纳税代码。

（3）代扣代缴税款的企业、组织、个人可取得代扣代缴税务代码，为其他纳税人代扣代缴税款。

（4）已核发的税务代码，不得再核发给其他纳税人。

（5）企业、经济组织、其他组织转让、出售、捐赠、赠予、继承，税务代码应当保留。

（6）家庭、个体工商户和个体经营者的税务登记号是颁发给代表这些实体的个人的税务登记号。

4.税务登记包括：

（1）首次税务登记；

（2）申报变更税务登记信息；

（3）申报暂停营业或经营活动；

（4）终止税务代码效力；

（5）恢复税务代码。

第31条　首次税务登记的文件

1.纳税人办理税务登记同时进行企业登记、合作社登记、营业登记时，其税务登记文件为法律规定的企业登记、合作社登记、营业登记文件。

2.作为组织的纳税人直接向税务机关办理税务登记时，其税务登记文件包括：

（1）税务登记申报表。

（2）成立证书和营业许可证、成立决定书、投资许可证或其他由有权机关核发的有效文件的副本。

（3）其他相关文件。

3.家庭户、经营户、个人纳税人直接向税务机关办理税务登记时，其税务登记文件包括：

（1）税务登记申报表或报税单。

（2）人民身份证、公民身份卡或护照副本。

（3）其他相关文件。

4.政府管理机关与税务机关之间通过电子信息网站联结，依照相关法规以一站式接收税务登记文件和核发税务代码。

第 32 条　首次税务登记文件提交地点

1.纳税人办理税务登记同时进行企业登记、合作社登记、营业登记时，其税务登记文件提交地点为法律规定的企业登记、合作社登记、营业登记申请文件提交地点。

2.纳税人直接向税务机关办理税务登记时，其税务登记文件提交地点规定如下：

（1）组织、家庭户、营业个人应向其营业总部所在地的税务机关提交税务登记文件。

（2）代扣代缴税款的组织、个人向直接管理该组织、个人的税务机关提交税务登记文件。

（3）无从事营业活动的家庭户、个人向应税所得发生所在地的税务机关、常住、暂住户口登记所在地的税务机关、或是国家预算纳税义务发生所在地的税务机关，提交税务登记文件。

3. 个人授权向其支付工资的组织或个人代为办理自己及被抚养人的税务登记。支付工资的组织或个人有责任汇总并代个人向直接管理该支付方的税务机关提交税务登记表。

第 35 条　税务代码的使用

1. 纳税人进行业务往来时，必须在其收据、发票等凭证、文件上填写税务代码；在商业银行、其他信用机构开立存款账户；报税、缴纳税款、税务减免、退税、不征税、报关单等登记，以及其他国家预算纳税义务相关交易，包括纳税人在许多不同地点从事生产、营业活动等，都应填写税务代码。

2. 纳税人与税务机关进行一站式行政手续时，必须向相关机关、组织提供税务代码、或在文件上填写税务代码。

3. 税务机关、国库、商业银行一同配合征收国家财政应收款，税务机关委托代收税款的组织，在税务管理和国家预算征收等工作中，得以使用纳税人的税务代码。

4. 商业银行、其他信用机构必须在纳税人开户文件、和通过账户交易凭证上，填写其税务代码。

5. 其他参与税务管理的组织、个人提供与确定纳税义务相关信息时，应当使用纳税人的税务代码。

6. 当越南方向不在越南境内存在的基于数字中介平台开展跨境业务的组织或个人支付款项时，必须使用已颁发给该组织或个人的税务代码进行代扣代缴。

7. 当所有居民都获得个人识别码时，应使用个人识别码代替税务代码。

第 36 条　申报税务登记信息变更

1.纳税人办理税务登记同时进行企业登记、合作社登记、营业登记的，其税务登记信息发生变化，应按照法律规定，在变更企业登记、合作社登记、营业登记信息的同时，进行税务登记信息变更申报。

2.若纳税人变更其营业总部地址导致税务机关有所变更，纳税人向企业登记、合作社登记、营业登记机关办理变更登记前，必须依照本法规定向其直接管理的税务机关办理税务相关手续。

3.直接向税务机关办理税务登记的纳税人，若税务登记信息有所变更时，则必须自发生变更信息之日起 10 个工作日内向其直接管理的税务机关申报。

4.个人授权支付工资的组织、个人为个人及其抚养人代为办理变更税务登记信息的，自发生变更信息之日起最迟 10 个工作日内，通知其支付工资的组织、个人；支付工资的组织、个人自收到个人授权之日起最迟 10 个工作日内，负责向管理机关申报。

第 43 条　报税文件

1.按月报税和纳税的报税文件为月申报单。

2.按季报税和纳税的报税文件为季申报单。

3.按年报税和纳税的报税文件为年申报单，包括：

（1）年度报税单和其他相关确定计税金额的资料。

（2）年度结束税务决算申报文件，包括年度税务决算申报单、年度财务报表、关联交易申报单；其他税务决算相关资料。

4.按每次发生纳税义务时，报税和纳税的报税文件包括：

（1）报税单。

（2）其他依照法律规定与纳税义务相关的收据、发票、合同等。

5. 对于进出口货物以海关法规定的海关文件，作为其报税文件。

6. 对于终止营业、终止合同、企业转型、企业重组等，其报税文件包括：

（1）税务决算申报单。

（2）截至终止营业、终止合同、企业转型、企业重组时的财务报表。

（3）其他税务决算相关文件。

7. 如果纳税人为跨国集团，母公司在越南，并且发生了跨境关联交易，或者其全球合并收入超过规定限额；或者纳税人的母公司位于国外，而该母公司根据所在国（地区）的规定有义务编制跨国利润报告，则需提交跨国利润报告。

8. 由政府规定本条报税文件细则；规定按月申报、按季申报、按年申报、按每次发生纳税义务申报、税务决算申报的税种；申报由越南社会主义共和国驻外代表办事处应收费用、规费等款项；申报、提供、交换、使用跨国利润报告的信息；确定按季申报的纳税人的标准。

第 44 条　报税文件提交期限

1. 按月申报、按季申报的税种的报税文件，提交期限规定如下：

（1）按月申报者，最迟为发生纳税义务月份次月第 20 天。

（2）按季申报者，最迟为发生纳税义务季的次季第一个月的最后一天。

2. 按年申报的税种的报税文件，提交期限规定如下：

（1）对于年度所得税结算申报，最迟应在公历或财政年度结束后的第三个月的最后一天；对于年度所得税申报，最迟应在公历或财政年度的第一个月的最后一天。

（2）对于个人直接申报的个人所得税结算申报表，最迟应在公历年度结束后的第四个月的最后一天提交。

（3）对于个体工商户和按定期定额方式缴纳税款的个人经营者的定期定额申报表，最迟应在前一年的12月15日之前提交。对于新开始经营的个体工商户和个人经营者，定期定额申报表最迟应在开始经营之日起10天内提交。

3.对于按每次发生纳税义务申报和缴纳的税种，最迟应在发生纳税义务之日起第10天内提交申报文件。

4.对于终止经营活动、终止合同或重组企业的，最迟应在事件发生之日起第45天内提交申报文件。

5.农用地使用税；非农用地使用税；土地使用金；土地租金；水面租金；采矿授权金；水资源开发授权金；注册规费；牌照规费；依公共财产管理、使用相关法规的国家财政应收款；跨国盈利报告等，则由政府规定其报税文件提交期限。

6.出口、进口货物的申报期限按照海关法的规定执行。

7.如果纳税人在申报截止日通过电子交易提交纳税申报，而税务机关的电子门户网站出现故障，则纳税人在税务机关的电子门户网站恢复正常后的第二天提交纳税申报表和电子缴税凭证。

第55条　纳税期限

1.纳税人计算税款的，最迟纳税期限为申报纳税期限的最后一天。如果补充申报纳税资料，纳税期限为有错误或遗漏的计税期间的申报纳税期限。

对于企业所得税，按季度预缴，最迟纳税期限为下季度首月的 30 日。

对于原油，其资源税和企业所得税的缴纳期限为原油销售后 35 天内，如果是国内销售则从销售之日起算，如果是出口则从海关规定通关之日起算。

对于天然气，其资源税和企业所得税按月缴纳。

2. 税务机关计算税款的，纳税期限为税务机关通知书上注明的日期。

3. 对于土地收入、水资源开发权费用、矿产资源、契税和营业执照费用及属于国家预算的其他费用，纳税期限按照政府规定执行。

4. 对于根据法律规定应缴纳出口税或进口税的进出口货物，纳税期限按照进出口税法的规定执行；如果在通关或放行货物后产生应缴税款，则纳税期限如下：

（1）补充申报和缴纳确定的税款期限按照初始海关申报单的纳税期限执行；

（2）需要分析和鉴定以准确确定应缴税款的货物；在登记海关申报单时没有正式价格的货物；有实际支付金额或在登记海关申报单时尚未确定的海关价值调整项的货物，按照财政部部长颁行的规定执行。

第 57 条　缴纳税款、滞纳金、罚款的顺序

1. 缴纳税款、滞纳金、罚款的顺序依本条第 2 款规定的先后顺序执行。

2. 缴纳税款、滞纳金、罚款的顺序规定如下：

（1）已采取强制措施的欠税、罚款和滞纳金；

（2）尚未采取强制措施的欠税、罚款和滞纳金；

（3）新产生的税款、罚款和滞纳金。

第 58 条　确定缴税日期

1. 对于非现金缴税，缴税日期为国家金库、商业银行或其他金融机构、服务组织从纳税人或代缴人账户扣款并记录在缴税凭证上的日期。

2. 对于直接现金缴税，缴税日期为国家金库、税务管理部门或受委托的收款机构出具缴税凭证的日期。

第 59 条　逾期缴税的处理

1. 需要缴纳滞纳金的情况包括：

（1）纳税人未在规定期限、延期纳税期限、税务机关通知的期限、税务机关确定的纳税期限或处理决定中规定的期限内缴纳税款；

（2）纳税人补充申报表增加应纳税额，或者税务机关、有权国家机关检查发现申报少报应纳税额，则需从错误或遗漏的申报期最后一天的次日起，或从海关原始申报单的缴税期限届满之日起，对增加的应纳税额缴纳滞纳金；

（3）纳税人补正报税文件内容致减少已退还的税款，或税务机关、政府主管机关检查、稽查发现可以退税金额小于已退税金额的，自收到国家预算退税日起，要对需追回的已退税款支付滞纳金；

（4）依照本法第 124 条第 5 款规定分期缴纳欠税款的；

（5）因超过处罚时效未被行政处罚，但需追缴本法第 137 条第 3 款规定的欠税的情况；

（6）对于本法第 142 条第 3 款和第 4 款规定的行为，未被行政处罚的情况；

（7）受税务机关委托征收税款、滞纳金、罚款的单位或组织，若延迟将纳税人款项转入国家预算，则需按规定对延迟金额支付滞纳金。

2. 滞纳金金额计算和滞纳金计算日期规定如下：

（1）滞纳金计算比例为每日 0.03%，以应缴税款的滞纳税额为基数；

（2）滞纳金计算时间从产生滞纳金的次日起，连续计算至应缴税款、退税款、加征税款、核定税款、滞转税款已缴入国家预算的前一日。

3. 纳税人根据本条第 1 款和第 2 款的规定自行计算滞纳金，并按规定缴入国家预算。如果纳税人多缴了税款、滞纳金或罚款，则按照本法第 60 条第 1 款的规定处理。

4. 在税款缴纳期限届满后的 30 天内，如果纳税人仍未缴纳税款、滞纳金和罚款，税务机关将通知纳税人所欠的税款、罚款金额以及逾期天数。

5. 有下列情形之一的，不需缴纳滞纳金：

（1）纳税人所供应的货物、服务以国家预算资金支付，包括与投资商签订合同中所定的分包商，并由投资商直接支付但尚未支付的，则不需缴纳滞纳金。不需缴纳滞纳金的欠税款，是指纳税人拖欠国家预算总金额，但不超过尚未支付的国家预算金额；

（2）根据本法第 55 条第 4 款第（2）项规定，在等待分析、鉴定结果期间；在没有正式价格期间；在尚未确定实际支付金额和调整海关价值的期间，不计算滞纳金。

6. 依照本法第 83 条规定暂不征收部分或全部欠税额的，不需缴纳滞纳金。

7.纳税人补正报税文件内容致应税金额减少，或税务机关、政府主管机关检查、稽查发现应税金额减少，应当对应减少的差额部分调整相应的滞纳金金额。

8.纳税人根据本条第1款规定应缴纳的滞纳金，在符合本法第3条第27款规定的不可抗力情况下，可以免缴滞纳金。

9.财政部部长规定的逾期缴税处理程序。

四、2019年越南劳动法节选

第13条　劳动合同

1.劳动合同是劳动者与雇主就工资给付、工作条件及双方在劳动关系中的权利和义务达成的协议。

如双方以其他名称达成协议，但内容表现为有关工资给付及一方的管理、派遣、监督则视为劳动合同。

2.在雇用劳动者之前，雇主应与劳动者签订劳动合同。

第18条　签订劳动合同的权限

1.劳动者直接签订劳动合同，本条第2款规定的情形除外。

2.对于从事季节性工作或期限12个月以下固定工作的劳动者，年满18岁以上的劳动者团队可以授权给团队中1名劳动者签订劳动合同；在此情形下，该劳动合同应以书面形式签订，并且对每个劳动者具有同等效力。

由被授权劳动者签订的劳动合同，应附有团队的所有劳动者名单，注明每个劳动者的姓名、出生日期、性别、住址及签名。

3.签订劳动合同的雇主一方应为以下情形之一：

（1）企业的法定代表人或其依法律规定的获授权人；

（2）依据法律规定有法人资格的机关、组织首长或其根据法律规定的获授权人；

（3）依据法律规定无法人资格的家庭户、合作组、其他组织的代表人或其依法律规定的获授权人；

（4）直接雇用劳动者的个人。

4. 签订劳动合同的劳动者方应为以下情形之一：

（1）劳动者年满 18 岁以上；

（2）年满 15 岁至未满 18 岁的劳动者，必须经其法定代理人的书面同意；

（3）未满 15 岁的人及其法定代理人；

（4）获劳动者团队合法授权签订劳动合同的劳动者。

5. 获授权签订劳动合同者不得再授权给其他人签订劳动合同。

第 21 条　劳动合同的内容

1. 劳动合同应具备下列主要内容：

（1）雇主的姓名、地址及代表雇主方签订劳动合同者的姓名、职务；

（2）劳动者方签订劳动合同者的姓名、出生日期、性别、住址、公民身份卡、人民身份证或护照号码；

（3）工作项目及工作地点；

（4）劳动合同的期限；

（5）工作或职务的工资额、工资给付方式、发放工资时间、津贴及其他补充款项；

（6）升级加薪制度；

（7）工作时间、休息时间；

（8）为劳动者配置劳动保护装备；

（9）社会保险、医疗保险及失业保险；

（10）培训、培养、提升劳动者技能。

2. 当劳动者的工作与法律规定的商业秘密、技术秘密直接相关时，雇主有权与劳动者就有关保护商业秘密、技术秘密的内容、期限、权利及劳动者违反时的赔偿等事项达成书面协议。

3. 对于在农业、林业、渔业和盐业工作的劳动者，双方可以根据工作类型减少劳动合同的一些主要内容，并就自然灾害、火灾和天气影响下的合同执行方式达成补充协议。

4. 政府规定对拥有国有资本企业所聘任为经理的劳动者的劳动合同内容。

5. 劳动伤兵及社会部部长规定本条第1款、第2款、第3款的细则。

第24条　试用

1. 可以在劳动合同中约定试用期内容，或者通过签订试用合同来明确试用期条款。

2. 试用合同的主要内容包括试用期限以及第21条第1款第（1）项、第（2）项、第（3）项、第（4）项、第（5）项、第（6）项规定的事项。

3. 对于签订期限不足一个月的劳动合同，不得约定试用期。

第25条　试用期

试用期由双方根据工作的性质和复杂程度协商确定，但同一工作只能试用一次，并需满足以下条件：

1. 对于依照企业法、政府资金投资生产经营的企业的管理使用法规定的企业管理人员的工作，试用期不得超过180天；

2. 对于需要高等专业技术和技能程度以上的工作，试用期不得超过 60 天；

3. 对于需要中等专业技术和技能的工作及技术工人、业务人员的职业，试用期不得超过 30 天；

4. 其他工作的试用期不得超过 6 个工作日。

第 26 条　试用期工资

劳动者在试用期内的工资，由劳资双方协商，但至少应相当于该项工作工资额的 85%。

第 27 条　试用期结束

1. 试用期结束时，雇主须通知劳动者试用结果。

如果试用合格，雇主应继续履行劳动合同中的试用条款，或与签订试用合同的员工签订正式劳动合同。

如果试用不合格，则终止已签订的劳动合同或试用合同。

2. 在试用期内，任何一方都有权取消试用合同或已签订的劳动合同，无需提前通知且不需赔偿。

第 34 条　终止劳动合同的情形

1. 合同期满，本法第 177 条第 4 款规定情形除外。

2. 已按合同完成工作。

3. 双方协议终止劳动合同。

4. 依据法院具有法律效力的判决或决定书，劳动者被判处不得缓刑的徒刑或不属于刑事诉讼法第 328 条第 5 款可获释放情形、死刑或被禁止从事劳动合同所列的工作。

5. 劳动者为外国人在越南被按照法院有效的判决书、决定书或政府主管机关的决定书驱逐。

6. 劳动者死亡；被法院宣告丧失民事行为能力、失踪或死亡的人。

7. 雇主为个人死亡，被法院宣告丧失民事行为能力、失踪或死亡。非个人雇主终止运行或被直辖省人民委员会的经营登记机关通知无法定代表人及委托代理人履行法定代表人的权利和义务。

8. 劳动者被处以开除的纪律处分。

9. 劳动者依照本法第35条规定单方终止劳动合同。

10. 雇主依照本法第36条规定单方终止劳动合同。

11. 雇主依照本法第42条及第43条规定给劳动者离职通知。

12. 依照本法第156条规定在越南工作的外国人劳动许可证失效。

13. 在劳动合同中有协议试用内容而试用不合格或其中一方取消试用协议。

第35条　劳动者单方终止劳动合同的权利

1. 劳动者有权单方终止劳动合同，但要按以下规定提前通知雇主：

（1）依不确定期限的劳动合同，须提前至少45天；

（2）依确定期限为12至36个月的劳动合同，须提前至少30天；

（3）依确定期限为12个月以下的劳动合同，须提前至少3个工作日；

（4）对于一些特殊产业的工作，则提前通知的时间依照政府规定执行。

2. 在以下情形中劳动者有权单方终止劳动合同而不必提前通知：

（1）未按照协议安排合适工作、工作地点或不确保工作条件，本法第29条规定的情形除外；

（2）未获足额给付工资或不准时给付，本法第97条第4款规定的情形除外；

（3）被雇主虐待、殴打或言辞、行为侮辱，影响到健康、尊严、名誉的行为；被强迫劳动；

（4）被职场性骚扰；

（5）怀孕的女性劳动者根据本法第138条第1款的规定离职；

（6）依照本法第169条规定达到退休年龄，除非各方另有其他协议；

（7）依照本法第16条第1款规定，雇主提供不真实信息会影响到合同履行事宜。

第36条　雇主单方终止劳动合同的权利

1. 在以下场合雇主有权单方终止劳动合同：

（1）根据雇主制定的工作完成度评估标准进行评定，劳动者经常未完成劳动合同所列工作。工作完成程度评估标准由雇主颁行，但要在有基层劳动者代表组织的地方征求基层劳动者代表组织的意见；

（2）对于依不确定期限劳动合同工作的劳动者患病、遭受意外已获连续治疗12个月，或依确定期限为12至36个月劳动合同工作的劳动者已获连续治疗6个月，或依确定期限为12个月以下劳动合同工作的劳动者已获连续治疗超过合同期限的一半，而其劳动能力仍未恢复。当劳动者康复时，雇主应考虑与劳动者继续签订劳动合同；

（3）由于天灾、火灾、危险疫病、敌祸或依政府主管机关的要求迁移、缩小生产经营而雇主已采取所有克服措施，仍迫得要削减工作岗位；

（4）劳动者未按本法第 31 条规定期限在工作场所报到的；

（5）依照本法第 169 条规定劳动者达到退休年龄的，如另有其他协议除外；

（6）劳动者擅自连续旷工 5 个工作日以上而无正当理由的；

（7）依照本法第 16 条第 2 款规定，劳动者签订劳动合同时提供不真实信息会影响到雇主的招工事宜。

2. 当依照本条第 1 款第（1）项、第（2）项、第（3）项、第（4）项、第（5）项规定单方终止劳动合同时，雇主应按以下规定提前通知劳动者：

（1）对于不确定期限的劳动合同，须提前至少 45 天；

（2）对于确定期限为 12 ～ 36 个月的劳动合同，须提前至少 30 天；

（3）对于确定期限为 12 个月以下的劳动合同及对于本条第 1 款第（2）项规定场合，须提前至少 3 个工作日；

（4）对于一些特殊行业、工作则提前通知的时间依照政府规定执行。

3. 依照本条第 1 款第（4）项、第（5）项规定单方终止劳动合同的，雇主不必提前通知劳动者。

第 37 条　雇主不得行使单方终止劳动合同权的情形

1. 因患病、发生劳动意外或患职业病，正在按照有资质的医疗机构的指示接受治疗或休养的劳动者，但本法第 36 条第 1 款第（2）项的规定除外。

2. 获得雇主同意正在休年假、事假或其他休假的劳动者。

3. 怀孕的女工、正休产假或抚养 12 个月以下幼儿的劳动者。

第 90 条 工资

1. 工资是雇主根据工作协议支付给工人的金额，包括依工作或职称的工资、工资津贴和其他补贴。

2. 依工作或职务的工资额不得低于最低工资额。

3. 雇主应确保公平给付工资，不得对从事同等价值工作的劳动者有性别歧视。

第 91 条 最低工资额

1. 最低工资额是支付给在正常工作条件下从事最简单工作的劳动者的最低工资，以确保劳动者及其家庭符合社会经济发展条件的最低生活水平。

2. 最低工资额根据地区确定，按月、按小时确定。

3. 根据劳动者及其家庭的最低生活水平，最低工资与市场工资之间的关系，消费价格指数、经济增长率，劳动关系、劳动需求，就业和失业，劳动能力，企业的支付能力等因素调整最低工资。

4. 政府规定本条细则根据国家工资委员会建议决定及公布最低工资额。

第 168 条 参加社会保险、医疗保险、失业保险

1. 雇主及劳动者必须参加强制性社会保险、医疗保险、失业保险；根据社会保险、医疗保险、失业保险法规，劳动者享受社会保险、医疗保险及失业保险各项制度。鼓励雇主、劳动者参加对劳动者的其他保险形式。

2. 对于享有社会保险制度期间的停职劳动者，则雇主毋需给付工资，除非双方另有其他协议。

3. 对于非属参加强制性社会保险、医疗保险、失业保险对象

的劳动者，则雇主应依据社会保险、医疗保险、失业保险法规在给付劳动者工资的同时，另给付一笔相当雇主缴付强制性社会保险、医疗保险、失业保险的款项。

第 169 条　退休年龄

1. 劳动者在符合法律规定的时间缴纳社会保险后，达到退休年龄时可领取退休金。

2. 在正常劳动条件下工作的劳动者，退休年龄依时程表将逐步调整至 2028 年男工为满 62 岁，到 2035 年女工为满 60 岁。

自 2021 年起，在正常劳动条件工作劳动者的退休年龄男工为满 60 岁 3 个月及女工为满 55 岁 4 个月；之后每年男性增加 3 个月，女性增加 4 个月。

3. 因身体条件下降、从事特别繁重有害或危险工作、在经济和社会条件特别困难地区工作的劳动者，可在低于规定年龄 5 岁以内退休，但不得超过此范围，除非法律另有规定。

4. 具有专业、高科技程度及一些特别场合的劳动者，在退休时可延长退休年龄，但不可超过本条第 2 款规定退休年龄 5 岁，除非法律另有其他规定。

5. 政府规定本条的细则。